旅游管理专业人才培养模式研究

高科佳　王吉霞　张文正　著

延边大学出版社

图书在版编目（CIP）数据

旅游管理专业人才培养模式研究 / 高科佳，王吉霞，张文正著. -- 延吉 : 延边大学出版社，2022.9
　　ISBN 978-7-230-03791-4

　Ⅰ．①旅… Ⅱ．①高… ②王… ③张… Ⅲ．①旅游经济－经济管理－人才培养－培养模式－研究－中国 Ⅳ．①F590-40

中国版本图书馆CIP数据核字(2022)第166165号

旅游管理专业人才培养模式研究
_____

著　　　者：高科佳　王吉霞　张文正
责任编辑：董　强
封面设计：李金艳
出版发行：延边大学出版社
社　　　址：吉林省延吉市公园路977号　　邮　　编：133002
网　　　址：http://www.ydcbs.com　　　　 E-mail：ydcbs@ydcbs.com
电　　　话：0433-2732435　　　　　　　　传　　真：0433-2732434
印　　　刷：天津市天玺印务有限公司
开　　　本：710×1000　1/16
印　　张：13
字　　数：200 千字
版　　次：2022 年 9 月 第 1 版
印　　次：2024 年 6 月 第 2 次印刷
书　　号：ISBN 978-7-230-03791-4
_____

定价：68.00元

前　言

旅游管理学科是与我国旅游业发展紧密相连的学科，而旅游管理专业人才的培养则与我国新时期的旅游业转型和发展密切相关。高校是旅游人才培养的主要场所，依据旅游管理专业独特的行业背景，探索适应现代旅游业发展需要的旅游人才培养模式是高校的责任所在，也是提高旅游管理专业人才培养质量、解决旅游管理专业人才供需错位的必然选择。

本书从旅游管理概述入手，针对旅游管理专业人才培养的目标、旅游管理专业人才培养模式的理念以及旅游管理人才培养模式进行了分析研究，旨在为旅游管理专业的发展提供参考。全书内容详尽，浅显易懂，观点明确。理论产生于实践，理论的深化与进步对实践具有促进作用，教学改革、人才培养实践也是本书研究的重要部分，要加快教学体系改革，引入新的教学理念，为我国的旅游业发展提供高质量、高水平的后备人力资源。

本书在撰写过程中参考和借鉴了国内外许多相关方面的书籍和文献，在此向相关作者表示衷心的感谢！由于能力及时间所限，书中难免存在疏漏与不妥之处，恳请广大读者批评指正，不吝赐教。

笔者

2022 年 6 月

目　　录

第一章　旅游管理概述 ……………………………………………… 1

　　第一节　旅游管理的基本常识 ………………………………………… 1
　　第二节　我国旅游业的发展状况及发展趋势 ………………………… 9
　　第三节　我国的旅游管理体制 ………………………………………… 13

第二章　旅游管理专业人才培养的目标 …………………………… 26

　　第一节　中国旅游人才的现状及其需求分析 ………………………… 26
　　第二节　旅游市场对旅游人才的素质要求 …………………………… 33
　　第三节　高等教育旅游管理专业人才培养的主要目标 ……………… 39

第三章　旅游管理专业人才培养模式的理念与实施 ……………… 44

　　第一节　高等教育旅游管理专业人才培养的主要模式 ……………… 44
　　第二节　高等教育旅游管理专业育才模式的转型和实施 …………… 52
　　第三节　高等继续教育旅游人才培养模式 …………………………… 60

第四章　基于 CBE 模式的旅游管理专业人才培养模式 …………… 65

　　第一节　CBE 培养理论分析 …………………………………………… 65
　　第二节　CBE 视角下的旅游管理专业人才培养多元模式设计 ……… 73
　　第三节　能力本位的高校旅游管理专业人才培养构想 ……………… 78

第五章　基于校企联盟的旅游管理专业人才培养模式 …………… 97

第一节　校企联盟旅游人才培养模式 ………………………… 97

第二节　基于校企联盟的高校旅游管理专业创新创业
人才培养模式构建 ……………………………………… 120

第三节　基于校企联盟的高校旅游管理专业创新创业
人才培养模式的建议 …………………………………… 127

第六章　旅游管理应用型人才协同培养模式 …………………… 133

第一节　旅游管理应用型人才培养模式的构建 …………… 133

第二节　旅游管理专业教师队伍建设机制 ………………… 137

第三节　旅游管理应用型人才协同培养模式实践 ………… 149

第七章　旅游管理人才培养实践 ………………………………… 157

第一节　"互联网+"时代背景下旅游管理专业
学生职业能力培养对策 ………………………………… 157

第二节　旅游管理专业教学质量控制 ……………………… 170

第三节　高等教育国际化旅游人才的培养 ………………… 182

参考文献 ……………………………………………………………… 201

第一章 旅游管理概述

第一节 旅游管理的基本常识

旅游是一种综合性的社会现象，是社会经济发展到一定阶段的产物。在社会经济发展的不同阶段，旅游活动具有不同的特点。旅游活动是一个系统，包括旅游者活动系统、旅游产业活动系统、旅游支撑系统和旅游影响系统四部分。现代旅游活动已发展为大众旅游，成为人们生活的一部分。旅游业是产业边界模糊的经济产业，树立大旅游观念才能更好地发挥旅游业的经济、社会和环境效益。我国已成为世界旅游大国，旅游业已具有相当的产业规模。未来，我国将向旅游强国迈进。

一、旅游的定义

作为一种人类活动，旅游已有数千年的历史；作为一种广泛的社会现象，旅游也有数百年的历史。20世纪以来，伴随着世界旅游活动的不断发展，人们对旅游的认识逐渐加深，由于旅游的重要性和综合性，以及研究目的的多样性，长期以来，国内外许多学者和有关国际组织，从不同的角度对旅游进行了研究，提出了不同的旅游的定义。这些定义的出发点和侧重点各不相同，主要有两个方面：一是从旅游者活动的角度出发，强调旅游活动的目的、时间、流动、个人审美体验特点等；二是从旅游活动整体出发，强调旅游者的旅游活动及其所引发的各种现象和关系。

（一）目的定义

旅游是一种休闲活动，它包括旅行或在离定居地点较远的地方逗留。其目的在于消遣、休息或丰富个人的经历和文化教育。

（二）时间定义

旅游是人们为了休闲、商务或其他目的，离开他们惯常的环境，到某些地方去以及在那些地方停留的活动（这种在外地的暂时停留一般不超过 1 年）。

（三）体验定义

旅游是个人以前往异地寻求审美和愉悦为主要目的而度过的一种具有社会、休闲和消遣属性的短暂经历。

（四）整体定义

旅游是非定居者的旅行和暂时居留而引起的现象和关系的总和，这些人不会长期定居，并且不从事任何赚钱的活动。20 世纪 70 年代，该定义被旅游科学专家国际联合会正式采用。

二、旅游的本质属性

在远古时期，人类出于生存需要，部落从一个地方迁徙到另一个地方，这种现象只是一种生存旅行而已。随着三次社会大分工的出现，即畜牧业、手工业和商业从农业中分离出来，以及生产技术的进步，剩余产品的增加，产品交换的数量和范围的扩大，产生了专门从事商品交换的商人阶级，从而在人类历史上出现了经商旅行。虽然最初的经商旅行是个人外出谋生性的活动,但是它是社会生产发展的需要。由于社会生产的进一步发展,人们需要到其他地区了解生产情况,在不同地区间进行商品交换。所以,经商旅行的产生和发展实际上是不同地区间社会经济联系加强的反映。经商旅行本身也成为整个社会经济活动的组成部分。

人类经过奴隶社会、封建社会进入资本主义社会以后,特别是产业革命之后,科学技术的进步及其在生产中的应用,给人类社会带来了一系列的变化。交通运输条件的改善,劳动生产率的大幅提高和社会经济的迅猛发展,不仅使从前的经商旅行有了新的发展,而且以消遣为目的的旅行游览活动也迅速发展起来,从而使旅行在许多方面开始具有现代意义上旅游的特点。旅行人数的大量增加使它开始对社会经济的发展产生重要的意义,而社会也为其发展创造了较便利的条件,如专业性的商业服务设施等。虽然这种以消遣为目的的旅游在形式和内容上表现为个人的行为,但却是在一定的社会经济条件下,即商品生产和商品交换发展到一定水平时产生和发展起来的。只有当社会经济发展到一定阶段,人们才有能力超越生存的需要,追求较高层次的精神和文化生活。因此,旅游与社会经济发展紧密相连,就其本质而言,是一种社会经济文化活动。

三、旅游的特点

从个体的旅游行为来看,旅游具有以下特点:

(一)旅游是一种精神享受型的消费活动

从人类需要发展的角度看,随着社会的发展,人类的需要会经历由单一向多元化发展、由低级向高级发展的过程,人们对物质需要和精神需要的层次也会不断提高。旅游消费活动主要是满足人们的精神需要，旅游产品的无形性使旅游消费成为精神享受。美丽的风景、难忘的经历、让人魂牵梦绕的民俗风情等，都能给人们留下美好的回忆，即使是在目的地购买的旅游纪念品，因为它的纪念意义，带给旅游者的也是具有象征意义的、非同寻常的感受，或是旅游者向亲朋好友"炫耀"旅游经历的载体，或是旅游者传递亲情和友情的特别方式。也就是说，旅游会带给旅游者极大的精神享受。

从整个社会发展看，旅游需要作为人的总体需要的一个组成部分，是人们的基本物质需要（如衣、食、住、行等）满足之后，开始向寻求享受、寻求发展迈进的时候，才会进行的非基本需要性的消费。所以，旅游是一种高级的精神享受型的消费活动。

（二）旅游是一种独特而积极的交往活动

交往活动是人类社会固有的现象，也是人类社会生活中的一种最基本的社会活动。在现代社会，科技发展不仅提高了人们的生活水平，也改变了人们的生活方式，社会交往的意义也越来越重要。交往的方式有很多，如工作交往、日常生活交往等。旅游的异地性决定了旅游交往是不同于其他交往方式的独特交往活动。交往对象的文化多样性、陌生的社会关系、异域背景等这些不同的交往因素，使旅游者可以达到"自我"的境界，从而对旅游活动中的交往产生积极的影响。淳朴、友好、平等的交往方式能够增进彼此的理解和宽容。通过旅游可以轻松了解各地的社会风貌和风俗民情，感受和体验更多地域精神和文化现象，增长见识。丰富的旅游活动内容，可以使旅游者彻底放松身心，为工作和生活注入新的活力。

（三）旅游是一种以审美愉悦为特征的休闲活动

旅游总是由一系列休闲娱乐活动组成的，如购物、娱乐表演、观光、户外娱乐（划船、露营、徒步旅行、滑雪运动等）。旅游目的地的休闲活动是旅游者做出出行选择和决定时的中心概念，这些活动的娱乐程度和旅游目的地的基础资源条件，往往是旅游者能否获得满意体验的决定性因素。

由于工业化和城市化水平的提高，工作节奏加快，居住环境拥挤，加上都市的喧嚣与污染，人们迫切需要每年有一段时间放松一下身心，呼吸一下新鲜空气，以消除工作的紧张与疲劳。正是鉴于这种情况，世界许多国家的政府都通过法律赋予人们休息的权利。早在 20 世纪 30 年代中期，国际劳工组织的一次年会上正式承认了劳动者享有带薪假期。20 世纪 50 年代后，一些国家先后实行一年 2~3 周带薪假期的制度，加上每周工作时间缩短为 40 小时，使劳动者享受休息的权利有了切实的保障。收入水平的提高，使他们利用这些休息时间外出旅游和度假成为可能。

在旅游中，人们摆脱了日常事务的羁绊，走向大自然，领略秀丽的风光和名胜古迹，参加体育娱乐活动，享受工作之余的乐趣，不仅能实现全身心的放松，消除疲劳和紧张，增强体质，而且能了解和学习新的知识，增长见识，结交新朋友，使精神更加充实、饱满和愉悦。所以，旅游作为一种积极、健康的休闲活动，迎合了现代社会发展和个人发展的需要。

四、旅游管理的必要性

管理是管理者为了实现既定的任务，运用各种职能对相关的人、事、财、物所进行的一系列活动的总称。

旅游业，是向旅游者的旅游活动提供服务的行业，主要由旅馆业、饮食业、交通客运业、旅行与游览娱乐单位组成。

旅游管理，是旅游业的管理者为了向旅游者的旅游活动提供有质量的服务，运用管理的各种职能，对旅游业的人、财、物、部门、地区所进行的计划、组织、指挥、调节和监督的活动。

旅游业是国民经济中有关部门或行业的边缘组合。它不仅同国民经济有关的其他部门或行业有着分工和协作的关系,而且旅游业内部各个业务部门和各个旅游地区以及各个旅游企业之间,也有着各种各样的分工和协作的关系。所有这些,需要指挥,需要管理。具体来说,旅游管理的必要性包括以下几个方面:

第一,旅游管理是协调旅游部门与其他部门、国内旅游业与国外旅游业、国内旅游市场与国际旅游市场关系的需要。旅游业是一项综合性的事业,与国民经济的许多部门有着密切的联系。另外,旅游业又是一个国际性行业,与国际旅游业的发展有着密切的联系。随着国际旅游业的发展,我国将逐渐成为旅游接待国,出境旅游人数也逐年增加,我国旅游机构与国外旅游机构的往来也日益密切。为了发展旅游业,必须加强旅游管理,在全社会范围内进行统一的计划、组织、指挥、监督和调节,协调好旅游部门与其他部门的关系、国内旅游业与国际旅游业的关系、国内旅游市场与国际旅游市场的关系。

第二,旅游管理是协调旅游业内部各有关部门和企业之间关系的需要。旅游业内部各企业是从事旅游经济活动的经济组织,是旅游经济活动的基本单位。旅游业是综合性服务行业,需要对旅游者的餐饮、住宿、交通、游览、购物加以组合设计,制成整体的服务路线向旅游者出售并保证供应。因此,对构成旅游业的交通、旅馆、饮食、文化娱乐、零售商业等各个部门或单位之间的关系,必须加强管理和协调,形成分工和协作,使旅游者在吃、住、行、游、购等各个方面都得到满足。

第三,旅游管理是发展旅游业的需要。在我国,旅游业是一个新兴产业,旅游业的发展不仅能带来经济效益,而且更有不可忽视的社会效益。它从侧面带动了交通、餐饮、保险、娱乐业的发展,同时也提供相当数量的劳动就业机会,更重要的是旅游业具有对外开放的窗口和先导、服务、桥梁的功能。为了不断满足国内人民和国外游客对旅游活动的需要,就必须从国民经济的全局出发，按照客观规律的要求，加强对旅游经济活动的管理。

五、旅游管理的职能

旅游管理包括对旅游经济活动的决策、计划、组织、指挥、监督、协调六个方面的职能。这六个方面的职能相互联系、相互制约，共同发挥作用，从而保证旅游经济活动顺利运转。

（一）决策

决策是对经济发展和经济目标及其实现手段的最优选择。科学的决策以科学的预测为依据。科学的预测是在深入调查研究，掌握大量信息的基础上，进行分析判断。旅游管理的决策，是旅游部门和旅游企业正确制定长期的和短期的奋斗目标，并对实现这一目标的手段所做的决定和选择。

旅游管理的决策，分为宏观决策和微观决策。宏观决策也称为战略决策，是旅游业的最高领导层解决旅游经济活动长远的总体发展的决策，包括旅游部门和其他部门的同步发展、旅游投资的方向和规模、旅游饭店的建设、旅游点的规模、旅游业经济体制及旅游业发展的重大方针和政策等。微观决策也称为战术决策，是旅游业的中层或基层解决近期具体问题的决策，包括旅游服务项目的确定、旅游设施的增添和更新、企业基本建设的规模等。

（二）计划

正确的决策是制订旅游经济计划的前提。旅游管理的决策，要通过旅游部门和旅游企业的计划来实现。

计划是人们对未来事业发展的部署和安排，是人们未来行动的准则和目标。旅游管理计划是根据旅游管理的决策所确定的奋斗目标，确定旅游业在一定时期内经营活动的目标和方针，制定出实现这一目标和决策的纲领、步骤和具体措施。制订旅游管理计划的目的，是根据旅游经济的发展目标，合理、有效地调配和组织现有的人、财、物等资源，以取得最大的经济效益和社会效益。计划按时间来划分，可分为长期计划、中期计划和短期计划；按范围来划分，可分为旅游部门的整体计划、地区旅游计划和旅游企业的计划。

旅游管理的计划职能贯穿于确定旅游经济活动的目标和实现目标的手段的全部管理活动中，关系到旅游业发展的方向、方针和政策，是旅游业管理的中心环节和首要职能。

（三）组织

管理中的组织职能是实现计划目标的根本保证。组织职能是依照发展计划目标的要求，确定管理体制，建立组织机构，制定规章制度条例，选配所需人员，明确其职责权利，以保证经济活动协调、有秩序地进行。旅游业包括食、宿、行、游、购各个方面，涉及旅行社、饭店、交通工具、旅游点、旅游商店等各个部门。旅游业的组织管理就是通过建立旅游业管理体制和相应的管理机构，制定旅游管理规章制度，明确各个部门、各个企业、各个岗位的权利和责任，在时间上和空间上合理地配备工作人员，把旅游经济活动的各种要素、各个环节以及旅游业同外部的各种联系合理地组织起来，使旅游管理计划得以有效地贯彻执行。

（四）指挥

一个统一、有效的指挥系统，是旅游经营活动正常进行不可缺少的条件。指挥职能是指管理者借助指示、命令等手段对下属的工作任务进行安排，以实现计划目标。在现代旅游经营活动中，各部门、各企业之间的分工协作关系一环扣一环，旅游者的需要既复杂多样，又变化迅速，这就需要建立一个强有力的行政指挥系统，使上下相通、左右配合、动作快捷，以做好旅游服务工作。指挥要具有高度的权威性，确保管理者的意图准确无误地贯彻执行，改变各单位自行其是、无组织无纪律的状态。同时，管理者要虚心听取下级和群众的意见和建议，使自己的意图符合客观实际；要给被领导者一定范围内的自主权，以发挥他们的主观能动性，这样有利于维护指挥的权威，有利于提高工作效率。

（五）监督

旅游管理的监督职能，是为了保证旅游计划目标和方案的顺利实现，对旅游活动过程及其结果进行监督、检查、调整和评价的一系列活动过程。

（六）协调

旅游管理的协调职能，是指连接、联合、调和所有与旅游相关的活动及力量。

第二节　我国旅游业的发展状况及发展趋势

一、我国旅游业的发展状况

我国旅游业真正起步是在 20 世纪 70 年代末。经过 20 世纪 80 年代 10 年时间的快速发展，旅游业在我国已初具规模，但仍然存在基础薄弱、管理落后、结构不合理等问题。20 世纪 90 年代以来，随着经济体制改革的深入，市场经济开始占主导地位，旅游业发展成绩斐然。

（一）入境旅游

1978 年，中国接待国际旅游人数世界排名第 51 位；2007 年，中国跃升为全球第四大入境旅游目的地国；2020 年，中国成为世界最大的旅游接待国和第四大出境旅游国。预计 2023 年，中国将成为世界最大旅游经济体。

（二）国内旅游

随着人民生活水平的提高、闲暇时间的增加以及交通条件的改善，我国国内旅游从 20 世纪 90 年代开始迅猛发展，特别是 1998 年提出把旅游业作为国民经济新的增长点后，以假日旅游为重要支撑，国内旅游需求全面释放，进入大众化的消费阶段。2022 年，仅上半年，我国国内旅游总人数就达到了 14.55 亿人次。

国内旅游近年来之所以形成高潮，除了与我国改革开放的背景直接呼应，更在于近年我国居民可自由支配收入和闲暇时间的增多，为居民选择旅游提供了可能。旅游消费需求大幅度提升，将是未来中国旅游业持续兴旺的重要动力。

（三）出境旅游

与大多数旅游国家不同，中国旅游业的发展模式是先发展入境旅游，后发展国内旅游，再发展出境旅游。中华人民共和国成立不久，就开始了入境旅游接待业务。改革开放后，加快经济发展成为重要目标。为了赚取外汇支持现代化建设，我国开始大力发展入境旅游；为了刺激消费，开始鼓励国内旅游；为了满足公民日益增长的物质需求和精神需求，逐步放开公民出境旅游。1988 年，作为我国旅游业加快对外开放的重要标志，泰国成为对中国公民开放的第一个旅游目的地国家。此后，中国公民出境旅游的目的地国家和地区迅速增加。中国公民出境游以周边国家或地区为主要目的地，远程出境市场增长也较迅速。其中，非洲作为新兴的目的地，增长速度最快；欧洲仍然是最主要的远程目的地。

（四）旅行社

国际旅行社的增加反映了我国国际旅游市场的结构发生了变化，从垄断走向开放，竞争的激烈程度大大增加。同样，国内旅行社的增加反映了国内旅游市场的急剧扩张。

旅行社的发展壮大需要很多内外界因素的支撑，除去国家政策和经济形势等外围资源，更重要的在于旅行社品牌塑造、信息化建设和个性化服务等内部资源的构建，这都需要在以后的改革中加以完善。

（五）旅游饭店

旅游饭店的规模和档次是一个国家或地区接待能力强弱的标志。20 世纪90 年代以来，我国旅游饭店的发展速度较快，旅游星级饭店不仅数量增加，而且质量和结构也发生明显变化。这说明我国旅游业已具备一定规模，饭店接待能力已接近一些传统旅游国家。

二、未来旅游业的发展趋势

据未来学家赫尔曼·卡恩（Herman Kahn）预测，未来旅游业将成为世界上最大的产业，就业人口中将有很大一部分人从事旅游业。有学者认为，未来旅游业有如下发展趋势：

（一）旅游的多样化趋势

随着快速交通工具如自驾车、高速列车、超音速客机以及太空航行器等的发展，旅游者到达旅游目的地的时间缩短；信息网络技术的运用，使旅游者在出发前可直接安排自己在目的地的行程，团体旅游转变为个体旅游和个性化自主旅游，改变了目前旅行社的服务功能（组团、包车、票务、订房等服务功能将基本消失）。同时，旅游的需求也呈现多样化发展，如休闲娱乐型、运动探险型。旅游者多样化、个性化的需求对旅游设施和服务提出了更高要求，如进入老龄社会后针对老年人出游增多提供的特色旅游服务等。

（二）旅游的大众化趋势

旅游不再是高消费活动，而是作为日常生活的一部分进入千家万户。旅游有广泛的群众基础，人们的工作、生活都可能是远距离的长途旅行方式，形成空前广泛而庞大的人群交流和迁移。传统的地域观念、民族观念被进一步打破，旅游国际化趋势进一步增强，旅游的淡旺季将不再明显。

（三）旅游空间扩展的趋势

科技的进步使旅游的空间活动范围更加广阔，人们不但可以轻易地进行环球旅行，而且可以到深海、月球或更远的宇宙空间旅行，也就是说，未来会出现革命性的新旅游方式。

由此可见，未来旅游的市场将是规模异常广阔、活动异常频繁、科技含量异常高的极其繁荣的市场，它对旅游经营管理提出了新的要求。我们要充分研究未来旅游的发展趋势，制定我国旅游业发展的战略目标，进一步发展好我国的旅游产业。

第三节　我国的旅游管理体制

一、旅游管理体制的概念、结构与功能

（一）旅游管理体制的概念

旅游管理体制是指旅游经济运行中所产生经济关系的有效协调和管理及其形成的组织形式和管理制度等。其主要内容包括：多种经济形式和多种经营方式问题；中央和地方的关系问题；国家、旅游企业和旅游从业人员之间的关系；对旅游企业的管理方式与手段等。具体来说，它包括旅游业的组织机构、组织形式、调节形式、调节机制、监督方式，各种组织机构或组织的责任、权利问题等。

（二）旅游管理体制的结构

旅游管理体制是以国家的旅游发展策略和规划为依据，以计划、税收、信贷等经济政策为调控手段，以旅游经济信息为媒介，以旅游相关法律法规为监督保证体系的一个完整的管理系统。该系统只有与市场机制相互配合，才能实现旅游资源的有效配置。根据旅游管理体制的运行规律，我们不难发现，其运行系统是由以下五个子系统组成，它们相互作用，相互影响：

1. 旅游经济决策系统

这是旅游管理体制的中枢。旅游经济决策就是对旅游经济发展目标、旅游经济政策和重大措施做出抉择。旅游经济决策是进行旅游管理的基本依据。旅游经济决策系统的内在结构问题，主要是指正确划分决策权限和保证决策系统的科学性。在市场经济条件下，旅游经济决策结构是多层次的，中央、部门、

地方、企业都有相应的决策权，国家旅游经济决策要集中在真正涉及宏观旅游经济全局性的问题上，对微观经济活动的决策则要体现在微观主体的自主权方面。另外，旅游经济决策应经过正确的程序，进行充分论证，以保证其决策的科学性。

2.旅游经济调控系统

这是旅游管理体制中连接宏观经济决策和微观经济决策的中介，只有发挥旅游经济调控系统的作用，才能把宏观旅游经济决策所确定的目标和方案变为微观经济主体的行动方向，从而实现宏观经济发展目标。与社会主义市场经济要求相适应，旅游经济调控主要采取间接调控的方式，如通过财政金融、价格等经济政策，调节企业的经济利益，从而引导旅游企业做出符合宏观旅游经济发展总目标的决策。要使旅游经济调控系统发挥有效的调控作用，首先要协调各宏观调控部门之间的关系，使各部门合理分工、互相配合；其次要健全各种调控手段，如合理的价格体系、严密而科学的税收制度、完备的经济法规等，并根据各种调控手段的特点，发挥各自的特长，对旅游经济活动起到综合协调的作用。

3.旅游经济信息系统

这是旅游管理体制中沟通各管理环节、各经济主体之间联系的媒介，旅游经济决策与调控都离不开旅游经济信息的作用。旅游经济信息最初来源于市场，尤其在市场发育水平较高的各类旅游中心，旅游经济信息比较集中，国家宏观管理部门各自的专业经济统计机构，如旅游统计、商业统计、财政统计、金融统计等部门搜集、加工有关经济信息，然后再进行汇总、提炼，形成了供宏观决策的旅游信息。宏观决策结果的信息及调控的信息又通过纵横交错的渠道传递到各旅游经济主体，成为它们决策的指导和参考。因此，旅游经济信息系统是一个由多层次、多环节的信息搜集处理、传输工作所构成的互相关联的整体。

4.旅游经济监督系统

这是旅游管理体制中正确决策的产生和实施的保证。旅游经济监督系统由各级党组织、政府和人民的全面监督，专业和综合的旅游经济行政管理机构的业务监督和职能监督，审计和工商行政部门的专门监督，司法机构的经济法律监督以及人民群众团体的社会监督与舆论监督组成。监督系统一方面能为旅游经济决策系统反馈信息，提高决策的科学性；另一方面能保证正确旅游决策系统的实施，维护正常的旅游经济运行秩序。尤其在社会主义市场经济条件下，旅游管理不再主要依靠行政命令，而是主要依靠经济政策、经济手段起调节作用，这就更加需要一个强有力的监督系统的辅佐。

5.旅游经济组织系统

它规定着旅游管理体制各子系统的职能和相应机构，并使这些子系统相互衔接、紧密配合。具体地讲，旅游经济组织系统不是独立存在的，而是融于旅游经济的决策、调控、信息、监督各子系统中。它一方面使各子系统有自身相应的组织机构，充分发挥各自的管理职能，保证旅游决策的科学性、调控的有效性、监督的严格性、信息的及时准确性；另一方面，各子系统能互相沟通，围绕着统一的宏观旅游经济管理目标而运行，共同完成旅游经济管理的任务。因此，旅游经济组织系统构成了旅游管理的基本框架，没有健全的组织系统，旅游经济就无从谈起。

（三）旅游管理体制的功能

旅游管理体制要在市场经济条件下，实现宏观旅游经济管理的目标，就需要在具备上述结构的同时，在整体上发挥以下几方面的功能：

1.决策功能

旅游经济决策系统要根据特定时期的经济条件，对未来一定时期的旅游经济发展目标和实施方案做出正确选择。旅游经济决策包括宏观决策和计划决策这两个层次，计划决策通常是战略决策的具体化。旅游经济宏观决策从全局、总体的角度出发，对旅游业的发展方向、规模、结构、效益等重大战略进行部署、指导和协调部门、地区企业的发展；同时，旅游经济宏观决策把长远利益和近期利益相结合，弥补了市场机制作用的局限性，是旅游经济长期稳定发展的重要导向。因此，旅游经济决策是旅游管理的核心，它贯穿于旅游管理的全过程，是旅游管理系统发挥其他功能的基本依据。

2.调节功能

调节功能也称协调功能，就是要依据旅游经济宏观决策的目标，自觉运用经济、法律、行政手段，直接或间接地调节旅游经济各层次、各环节、各部门、各地区之间的经济关系，引导微观旅游经济的发展方向大体一致。调节功能的正常发挥是实施旅游经济决策的保证。由于旅游经济关系的各组成部分之间的经济关系是复杂而微妙的，对这些经济关系进行协调，使其符合一定的总体目标，是一项艰巨的任务。调节功能的实现不仅有赖于健全的调节系统，而且需要灵敏的信息系统、高效精悍的组织系统、强有力的监督系统的紧密配合。

3.控制功能

控制功能就是针对旅游经济运行过程中出现的与决策目标和调控方向不一致的偏差随时采取措施，纠正偏差。决策实施和调节功能是相辅相成的，没有控制功能，监督功能也就无法实现，而控制功能的实现还要依靠监督系统的作用。因此，控制功能实际上隐含了监督功能。

4.组织功能

组织功能就是通过建立合理分工、密切协作的旅游管理组织机构，有效地配置人力、财力、物力资源，并使各种组织机构发挥相应的职能，保证旅游经济运行的有序性。旅游管理的组织功能也是贯穿于旅游管理全过程的，它是实现其他功能的组织保障。

二、我国的旅游管理模式

（一）传统模式

传统的旅游管理模式是与我国长期实行的计划体制相一致的，即按照行政区域和行政系统设置各级旅游局，各级旅游局直属各级人民政府，除直接管理所属旅游企业外，对隶属于其他区域或系统的旅游企业只有一定的业务指导责任，没有统一的管理约束职能。20 世纪 80 年代末，为适应旅游业的改革步伐，国家旅游管理部门颁布实施了一系列的条例、规定，旅游主管部门的管理职能有所加强，但囿于我国整个经济管理体制的滞后，改进后的传统模式仍未克服条块分割、职能弱化等弊端。面对这种状况，我国许多地区先后开始了改革旅游管理体制的尝试。

（二）上海模式

20 世纪末，上海市政府做出决定，对上海市原有的旅游管理体制进行改革，新组建了上海市旅游事业管理委员会（简称"旅管会"），统筹协调和全面领导上海市的旅游业。旅管会作为市政府的派出部门，对全市旅游行业行使管理职能，市政府下辖的旅游局、商业局、交通局、园林局等单位为旅管会的成员，部分旅游集团公司和旅游度假区也由旅管会领导，上海市副市长兼任旅管会主任，旅游局和各相关部门的负责人任副主任或委员。上海模式体现了政府部门的管理权威，旅管会具有明确的职责和权力，确定了旅游与商业、交通、园林等部门的行政及业务关系，使旅游管理由单一变为综合，由部分转向全局，为上海市大力发展都市旅游产品提供了制度保障。进一步深入分析可以发现，上海模式的成功关键在于上海市确定的"以大集团为骨干，以区县为主体，以产业规模和经济效益为目标，协调各行业部门"的方针符合上海市旅游产业基础较好、区位优势明显、都市旅游的产业形象定位明确等特点。

（三）北京模式

20世纪末，北京市政府决定改革原有的旅游管理体制，按照小政府、大社会的思路，实行政企分开，将北京市旅游局的直属企业全部划出，组建北京旅游集团，直接隶属北京市政府领导。改制后的北京市旅游事业管理局作为市政府的职能部门，对全市旅游业实施统一的行业管理，研究、制定北京市的旅游发展规划及有关政策，会同有关部门审批旅游开发和建设项目，指导、协调各区县旅游业的发展。北京旅游集团作为大型国有旅游集团公司，集合下属的众多企业，开发更新旅游产品，积极开展资本运营，实施整体发展战略，充分发挥了系统化、网络化的优势。

（四）广东模式

广东旅游业的规模和效益在全国均列首位，这骄人的成绩除了地区优势和经济因素，还与其灵活的旅游管理体制有关。广东省旅游局（现广东省文化和旅游厅）及其各地市旅游局采取的是一种与旅游开发总公司合二为一的混合体制，省旅游局与旅游总公司实行一套机构两块牌子，旅游局领导兼任总公司及下属企业的负责人，既承担政府管理职能，又从事企业经营活动。这种融管理、经营、发展于一体的管理模式虽然违背了政企分开的原则，也不符合市场经济的本质要求，但却适应广东省由计划经济向市场经济转变的实际状况。

旅游产业的市场化进程，要求突破传统管理模式的种种限制，选择与之相适应的旅游管理体制。由于经济发展水平、旅游资源的特色以及旅游产业的功能形象定位不同，因此适应其特点的旅游管理体制也各不相同。我国不同地区在发展旅游产业的过程中，应注意旅游管理体制创新上的渐进性特点和不同的约束条件，选择适合本地区旅游业发展的管理体制模式。

三、深化我国旅游管理体制改革的思考

（一）我国旅游管理体制传统模式评价

旅游产业具有综合性、广泛性、高关联性的特性，旅游管理必定成为跨行业、跨部门的管理。旅游度假区是旅游业的核心要素之一，本应是旅游管理部门最直接的管理范围，但在许多省份，旅游度假区的审批、管理和规划权等，却属于城建部门；旅游管理部门对旅游娱乐设施建设、城市夜生活管理等无权过问，但这些领域对搞活地方旅游业关系重大。目前，在旅游产业体系中，只有对旅行社这个旅游行业的直属领域的管理相对规范，而在其他一些领域，旅游管理部门实际上很难实施有效的管理与监督。

作为综合性产业，旅游业发展依托的是大量的社会资源。这些资源分布在许多领域，旅游业也因此涉及国民经济体系中的许多部门，这种强关联性势必要求旅游管理具有较广的覆盖面。但在传统的部门管理模式下，旅游资源的管理权被强制性地划入不同的政府部门，多部门管理造成了资源分散管理、条块分割、政出多门，使资源管理极为混乱，管理空白、管理缺位、管理越位的现象都不同程度地存在，加上利益关系、部门和地方保护主义的影响，许多资源被人为分割，妨碍了对资源的保护、合理开发和整合利用，大大降低了旅游资源的使用价值，使得地方旅游业的整体竞争力下降，行业宏观管理失衡。

（二）旅游管理体制改革的总体目标

我国旅游管理体制改革的总体目标是从国家和地方旅游事业全行业的发展需要出发，贯彻国家旅游事业发展的方针政策，协调各方面的关系，整顿市场秩序，维护旅游行业整体利益和旅游行业形象，提高旅游业全行业管理水平。具体表现在以下几个方面：

1. 完善法律法规

根据旅游战略规划和实际需要，借鉴其他国家旅游管理组织的先进经验和成功做法，制定行业管理方针政策、法规条例，以此作为行业管理的依据，并组织贯彻实施。

2. 建立健全行业管理领导机构

根据地方旅游发展实际需要，明确行业管理职责范围，在分工合作的原则下明确任务。行业管理机构要加强与各级各类旅游企业的联系，协调好各方面的关系，采取各种具体措施，做好行业管理的组织工作。

3. 严格落实监管制度

直接或会同有关部门，处理违反行业管理规定、破坏旅游秩序、敲诈旅游者或其他违法乱纪的有关单位或人员，维护旅游业整体形象。

（三）我国旅游管理体制改革的趋势

建立有效的旅游管理体制，必须从旅游业的产业特征去考虑。现代旅游已是一种"大旅游""大产业"的概念。旅游管理体制的建立与改革作为一种制度的变迁，必须与旅游业的这一基本特征相对应，以建立一套能够全方位协调、统筹旅游供给体系的管理机制。我国现行旅游行业管理制度是适应我国特殊的旅游发展道路，在经济转型背景下建立起来的。随着市场经济体制的建立和完善及经济体制改革不断深化，我国各级旅游行业管理部门必须从管理旅游经济微观环节中抽身出来，发挥市场在资源配置中的基础作用，把行政管理的职能集中指向宏观调控、社会服务和公共管理，真正实现"小政府，大市场"。

1. 旅游管理体制改革的宏观方面

（1）提高认识，理顺管理体制

作为一级政府管理旅游业的主管部门，要充分发挥其政府职能机构的作用，必须理顺管理体制，按照统一领导、分级管理的原则，建立健全各级政府旅游机构，提高其地位，加强其权威性。

①各省、自治区、直辖市、计划单列市和重点旅游城市，都应该设立或健全旅游委员会，发挥规划、协调、组织作用。②作为一级政府的旅游主管部门，应列入政府单列，单独建制，在政治经济待遇上享受同级政府其他职能主管部门的待遇（如经费、权限等）。③至于市、县旅游管理部门是否要单设，鉴于各地旅游业发展水平不尽相同，应视当地国际国内旅游发展的状况而定，有的单设，有的可与当地政府其他部门合署办公，但同时应具有一级政府职能部门的地位和管理旅游全行业的权威。

（2）转变管理职能是当务之急

行业化管理是针对部门管理而言的，作为政府旅游主管部门，行使的是政府职能，代表各级政府管理全国及本地区的旅游业，要解决行业管理问题，则必须转变旅游管理部门的管理职能。

①政企分开是根本

国家旅游管理部门把面向全行业管理作为经济体制改革的方向，工作重点转移到研究发展规划、研究制定方针政策、加强宏观管理上来；坚持政企分开原则，转变职能，加强对旅游全行业的政策指导和宏观控制的指导方针，并相应调整了机构，加强了宏观协调、控制职能。省一级旅游局经济体制改革也相应地加强了机构建设，以适应宏观管理和行业管理的需要。

②加速管理职能转变进程

在两种职能并存的过渡时期，既要发挥政府职能的权威性，又要加强对旅游全行业的管理，必须采用积极稳妥的步骤和切实的措施解决好两个关系，才能起到相辅相成的作用。

第一，旅游局对旅游经营单位应实施宏观管理、微观调控，而不是成为企业经营活动组织者，更不能直接干预经营活动。应逐渐实现所有权和经营权分离，放权给企业，让它们以企业法人身份，走自主经营、自负盈亏之路，充分调动企业在市场竞争中的活力。

第二，处理好与非本部门系统企业的关系。旅游经营单位要按照历史关系和行业归口关系，建立双重计划统计和考核管理制度。也就是说，各级各类旅游企业的人、财、物由企业归属部门负责领导、管理和协调。因此，这既解决了旅游主管部门所属经营单位的领导和管理问题，又解决了非隶属部门所属经营单位的领导和管理问题。只有这样才可能真正实现政府旅游主管部门管理职能的彻底转变，由更多的微观管理转到宏观管理上来，由运用直接管理手段转到运用经济、行政及法律手段进行宏观调控和间接管理，由管理本系统部门彻底转到管理旅游全行业上来，这样才能真正发挥职能管理部门的权威性，也才能真正加强对全行业的管理。

③充分发挥行业组织的作用

行业协会是由同业经营者基于共同利益的需要实行联合的非营利性民间组织。在市场经济条件下，旅游行业协会这一非官方的民间组织是管理体制中极为重要的辅助成分，旅游业发达国家的成功经验之一，便是很好地利用和充分发挥了行业协会的作用。旅游行业协会没有经济利益诉求，相对超脱和公正，可以起到公平公开地协调买卖双方利益的作用。虽然我国旅游行业协会的"官方"色彩比较浓重，但有效发挥行业协会的职能，实施全行业的间接管理是体制改革的必然趋势。政府部门要为旅游行业协会提供更大的发展空间，扶持其健康发展，使旅游行业协会组织的作用在旅游市场发展中得到充分发挥。

旅游协会的主要职能包括：作为政府和企业之间沟通的桥梁；协调会员间的相互关系，发挥行业自律作用，制定行业自律公约；向会员提供国内外本行业的有关信息和咨询服务；开展业务培训，加强对外交流与合作。一些涉及行业标准的事宜，如饭店星级评定、导游员资格认定等，应由行业协会来负责，而不是旅游管理部门的职能。

④旅游管理的制度化、法制化因素逐步增强

依法行政是社会发展的大趋势，对于像旅游产业这样的综合性产业而言，法制化和制度化管理是理想的手段和途径。《中华人民共和国旅游法》由中华人民共和国第十二届全国人民代表大会常务委员会第二次会议于2013年4月25日通过，自2013年10月1日起施行。其是为保障旅游者和旅游经营者的合法权益，规范旅游市场秩序，保护和合理利用旅游资源，促进旅游业持续健康发展而制定的法律。由此可见，旅游管理走向法制化、制度化是历史的必然。

2.旅游管理体制改革的微观方面

旅游管理体制改革的微观方面主要是旅游企业制度的改革。这主要需要解决两个问题：一是旅游企业的所有制形式问题；二是旅游企业的经营形式问题。前者是后者的基础，只有旅游企业的所有制问题解决好了，企业的经营形式才有可能得到根本解决，但是，企业所有制形式问题解决了，并不意味着企业经营形式问题一定能够得到解决。如果一部分旅游企业明确为私人所有，私营企业主自然会选择自认为最佳的经营形式，政府不会深入参与，当然，旅游行政部门给予信息、政策咨询等方面的服务支持仍然是必要的。因此，旅游企业经营形式问题又主要是国有旅游企业经营形式的选择问题，这是目前旅游行政管理部门关注的焦点。因为国家是投资的主体，旅游行政管理部门作为国有资产的代理人必须关心国有资产的保值、增值。只有旅游企业的经营形式选择得当，才可能使企业的经营业绩良好，从而实现国有资产保值、增值的目的。对于集体所有企业，也应当解决历史遗留问题，努力做到产权清晰。

根据我国经济改革的目标和旅游业的特点，旅游企业经营管理体制的理想模式可概括为：现代企业制度和企业集团化。

旅游企业要建立现代企业制度并实行集团化经营，这是由旅游产业的特点决定的。由于单项旅游产品以一定地域内的自然景观和人文景观为依托，既难以移动，也不能替代，若按某条线路或某种方式将各单项旅游产品组合起来，必然要跨越地域障碍。旅游活动是一项综合性的消费活动，集吃、住、行、游、购、娱为一体，若要满足旅游者的各种需求，众多行业或部门必须联合起来，冲破行业或部门的界限。以上两点决定了旅游业必然是一个社会化、市场化程度较高的综合性产业，也决定了旅游企业必须建立现代企业制度并实行集团化。

现代企业制度主要指产权明晰、责权利相统一、自主经营、自负盈亏、充满生机和活力、运行科学规范的股份制企业制度。它是现代企业制度的基本模式。旅游企业特别是大中型国有旅游企业，应积极实行股份制改造，逐步建立股份公司式的现代企业制度。

组建大型旅游企业集团具有以下三个方面的意义：

第一，确定了旅游业的支柱地位。大型旅游企业集团规模巨大、资产雄厚、产业链完备、综合实力强，它的运行必将带动旅游业乃至整个国民经济的发展。

第二，奠定了大产业的基础。中小型企业大多分属各地区、各部门，产品开发和市场竞争的能力普遍不强，经营管理水平也比较低。大型旅游企业集团冲破了条块分割的藩篱，在大范围内重组旅游业资产，把众多中小型旅游企业联合起来，从根本上改变了我国旅游企业地区所有、部门所有的状况。

第三，促成了大旅游的格局。大型旅游企业集团改变了旅游业以旅行社、饭店为主的狭隘模式，把各相关行业或部门紧密结合在一起，融吃、住、行、游、购、娱为一体，极大地优化了旅游产业结构，增强了旅游业的吸引力和竞争力。我们相信，随着社会主义市场经济体制的不断完善，我国旅游企业的股份制和集团化进程一定能够顺利完成。

第二章　旅游管理专业人才培养的目标

第一节　中国旅游人才的现状及其需求分析

旅游业作为当前经济发展中的一个新的亮点，对我国国民经济的结构调整和振兴起着越来越重要的作用，正逐步发展成为我国国民经济的支柱性产业。旅游业的迅速发展，对其从业人员提出了更高的要求，同时旅游从业人员的素质直接关系到旅游业的快速可持续发展。作为向旅游业输送高素质人才的主渠道——旅游管理专业教育，面临着日益激烈的竞争与挑战。旅游管理专业教育应该培养什么样的人才，怎样培养合格的人才，是需要我们不断实践与研究的课题。其中，新形势下旅游管理专业人才培养模式是我们首先要研究、解决的问题。

旅游业成为国民经济新的增长点，并成为许多省市的支柱、战略性产业。旅游业的规范化发展，对旅游人才的培养提出了新的要求，社会对旅游人才素质的要求已经发生了质的变化。

一、中国旅游人才现状

在不断加强与提升高校旅游教育水平、大力拓展旅游教育培训及资格认证的过程中，我国已经基本建立起一支与旅游业发展相适应的，门类齐全、规模宏大、结构较为合理的旅游人才队伍。但同时，中国旅游业从业人员队伍的知识层次和专业技术水平仍然偏低，大龄化现象突出，从业人员整体素质与中国旅游业快速发展形势和日趋激烈的市场竞争形势还存在一定差距。

为了促进高等旅游教育与当前旅游业的发展形势相匹配，高校应该采取一定的教育措施，这是目前旅游教育待解决的一个难题。"教育热、职业教育冷"的现象在旅游教育中表现明显。另外，本科教育的"理论化"、专科教育的"本科化"、职业教育的"普教化"，使得当前旅游教育难以满足社会对学生实践能力的要求，旅游院校人才培养质量难以满足旅游业的发展。

（一）旅游管理

旅游管理专业现在仍然算是一门较为新兴的学科门类，未来具有广阔的发展空间与发展潜力，现在开设旅游管理专业的学校也很多，对专业能力和素质也有一定的要求。

当前旅游行业中最需要的人才是能够胜任一线工作的专业从业人员，如旅游职业经理人、旅游策划、景区管理、人力资源开发和管理、旅游外联营销、电子旅游商务、会展旅游、运动休闲、医药保健、旅行社计调人员等初中级层次的经营管理人才和旅游专门人才，高素质的导游人才，经过专业训练的旅游及相关行业的服务人员，韩语、日语等小语种导游人才以及专业较强、整体素质较高的专职旅游教育人才等。

（二）酒店管理

当前我国的市场经济取得了较为深入的发展，旅游产业因为社会经济的迅猛发展也迎来了较为蓬勃的发展，社会需要大量熟悉酒店、餐饮企业管理方法及运作方式且具备较高的服务技能与管理水平以及良好职业道德的高技能人才。酒店管理专业培养的是德、智、体、美、劳全面发展的，具有酒店管理、酒店服务等基本知识，熟悉旅游行业现状，具备旅游服务技能、酒店各岗位服务技能、企业基层管理能力和社会交际能力，面向高星级酒店（宾馆、酒店）及餐饮企业管理、服务第一线的具有良好职业道德的高技能人才，能较好地满足酒店管理、服务的需要。

只有大量的酒店管理专业优秀人才进入一线工作岗位，才能不断促进酒店数量的增加、档次的提升、硬环境的改善，提升酒店行业整体服务水准与品质，推动酒店行业持续健康发展。就现阶段的酒店行业来说，企业对酒店经营管理和服务人才需求增加，尤其是对高级管理人才的需求出现了较大的缺口。

随着人们生活水平的不断提升，人们的消费观念相比之前也发生了较为明显的变化。基于这种变化，酒店市场的竞争也更加激烈。酒店经营管理者更需要懂经营、善创新、引导消费潮流，同时需要高端的酒店人才来对饮食文化、理念进行开发、创新。

（三）烹饪与餐饮管理

现代餐饮企业，特别是大型连锁餐饮企业则相应要求从业人员具有较高的素质、操作技术、管理水平和创新能力，因此中国的餐饮业市场对从业人员出现了需求远远大于供给的状况。随着中国经济的快速发展，中国的餐饮经济获得了空前的发展机遇，从业人员需求迅速扩大，管理人员需求也在不断增大。

(四）导游及旅行社管理

随着旅游业的蓬勃发展，旅行社也迎来了快速的发展，旅行社的人才缺口也在不断增大。

1.从数量上，入境旅游和出境旅游的发展需要数量较多的英语导游

英语在世界各国被广泛使用，许多国家的来华旅游团队需要英语导游服务。就出境旅游来说，领队是出境旅游团队的灵魂，其主要任务是为旅游者办理出入境、酒店入住、机票及登机等各种手续；与地接社接洽，安排旅游行程，并代表组团社监督地接社在旅行中的服务质量，负责处理团队在境外所遇到的各种紧急事宜。

"领队"一词出现在中国开办公民自费出境旅游的20世纪90年代后期。当前我国不断地调整出境游业务的相关政策，使得人们越来越倾向于出国旅游，因此旅行社对拥有"出境领队证"的旅游人才需求大增。

2.旅游产品的多样化要求导游具备更高的综合素质

旅游业的发展越来越深入，更加精细的目的地旅游形式不断涌现，诸如修学旅游、滑雪旅游、商务会展旅游、自驾车旅游、文化体育交流旅游、科普旅游、音乐欣赏旅游、生态旅游等各种旅游形式。在上海，商务会展旅游的人次已超过传统的观光旅游人次。上海已有多家旅行社的业务渗透到了商务会展旅游中，对懂外语、懂网络、通商务、会资本运营的人才，各旅行社都求贤若渴。

担任出境旅游的领队，需要具备一定程度的导游经验，对领队的各个环节工作都比较熟悉，并且能够很好地处理各种业务。在出境旅游持续发展的现状下，那些熟悉机票预订、签证办理、发团等一系列基本流程，善于处理与旅游相关的食、住、行、游、购、娱问题，谙熟各国语言、货币、法律法规、风土人情、风俗习惯、行业规范等，并具备与各国领使馆打交道、在异国他乡迅速处理突发事件的能力的优秀人才重金难求。同时，生态旅游是旅游可持续发展

的趋势之一，导游除了要具备深厚的文化底蕴，还应当具备系统的生态学等自然学科的知识。总之，导游不是一般的旅游服务人员，而是有文化、高层次、具有服务性的职业人才。

3. 管理层面缺少相应层次的人才

对各个企业来说，人才都是最为稀缺与宝贵的资源。但是，从当前的发展形势来说，旅行社人员的跳槽现象仍然比较严重，如何留住人才仍然是当前需要解决的问题。

从流失情况看，有两类人才流失比较严重：一是导游人员，在持"导游员资格证书"的人员中，已不再从事导游工作的约占30%；二是中层管理人员，一般旅行社平均每年用于培养员工的费用大约占年利润的20%，人才流失使旅行社损失大量客户，而且最新的经营理念也随之流失。

导游人员在各个企业之间的流动频率存在一定的规律，不同等级的导游人员对应着不同程度的人才流失率，持导游员资格证书的人员和特级导游员流失率较高，初级、中级、高级导游员流失率较低。

（五）会展策划与管理

会展策划与管理，其中的业务涉及的内容较为广泛。会展企业和服务中也包括各种类型，其主体是会议或展览会的组织者及举办场地，即会议策划服务公司和展览公司以及会议中心、展览场馆（博物馆、展览中心、博览中心等）；外围服务企业主要有展品运输公司、广告公司、展台设计与搭建公司，还包括旅行社和酒店等服务企业。会展活动有时是一项巨大而漫长的工程，有时规模不大但对人员素质要求很高。

所有活动的举办，包括会议、展览等，整个流程的策划与管理都要做许多具体的业务，也需要调节多个工种之间的沟通与配合，用人单位包括政府、企事业单位等都对会展策划与管理人才有很大的需求。除了会展核心企业、相关企业，一般的商务企业和事业单位也普遍需要此类人才。

用人单位对人才的知识需求与数量需求还与会展活动的流程密切相关。如会议活动准备阶段要做好策划、选址、营销、预算等方面的工作；会议活动实施阶段要做好编制会议手册、联络场地、寻求好演讲者、与会人员登记注册、促进会议日常交流、成立现场指挥工作小组等方面的工作；评估总结阶段要做好会议总结与评估、客户回访、召开总结表彰会、感谢相关人员等方面的工作。而展览活动前期准备阶段主要从事策划工作，具体工作包括确定主题，寻求承办单位、支持单位和合作单位；中期实施阶段主要包括制订会展项目计划、广告与宣传、为参展商提供专业和配套服务、展览会现场管理等方面的工作；展后阶段主要包括展后跟踪服务、总结和评估等方面的工作。所以本专业培养的人才在用人单位从事策划工作时，要不断创新，这样才能取得良好的综合效益。

二、中国旅游人才需求分析

（一）高技能人才

在现有的旅游行业结构中，中高层旅游人才稀缺，尤其是缺少高技能人才。而新兴的业内领域，如会展管理服务、康乐休闲度假、旅游信息整合、项目开发规划以及旅游品牌的维护和拓展，已成为旅游市场高技能人才需求新的缺口。

（二）复合型人才

过去，从事旅游相关工作只需要具备基本的旅游知识即可，而现阶段则对从业人员的知识水平提出了更高的要求，"一专多能"成为对从业人员新的基本要求。法律法规、品牌建立与维护、经营与管理、国家及地域文化以及财会金融等方面的知识，都需要从业人员去了解和掌握。此类人才即复合型人才，他们综合素质良好，具有较强的实践能力和创新意识，既在某一领域有独到见解和造诣，又具有扎实的基础文化知识和深厚的文化底蕴，同时拥有较强的学习和研究能力。

当今科学技术的发展使得各学科广泛交叉、相互渗透，涌现出大量综合学科、边缘学科、交叉学科。市场的变化需要高校培养出更高质量的旅游人才，这些旅游管理专业毕业生还要了解其他多个学科的知识，要具备宽泛的知识结构。他们要拥有一定的财务管理能力，掌握当前国家正在实行的最新旅游政策法规，同时还要具备一定的历史文化知识，对各地各少数民族的风俗习惯有一定的了解。除此之外，旅游管理专业毕业生还要有宽广的视野，要有从全局的角度看待与解决实际问题的能力，能够在开展社会活动时熟练地进行组织协调，正确地做出决策，这样才能逐渐成长为符合旅游管理专业需求的复合型人才。

（三）开放实践型人才

旅游人才一定要具有优秀的实践技能，高校要安排其开展一定的实验，以培养他们的实践动手能力。实验的本质是模拟。旅游人才需要具备强大的操作能力，因此高校更要丰富各种模拟训练，培养学生将理论与实践相结合的能力。为了做到这一点，高校可以鼓励学生利用课余时间，就近联系实习单位，进入酒店或景区近距离接触与体验旅游相关工作。这样可以使培养对象了解行业最新动态，有利于使培养对象理论联系实际，开阔眼界，对知识进行综合把握和运用。

第二节　旅游市场对旅游人才的素质要求

旅游行业是一个特殊行业，其对人才的培养有着特殊要求。随着旅游事业的发展，旅游人才的素质观念要被赋予新的内涵。所谓旅游人才的素质，是指从事旅游工作的职业人员的气质、性格、兴趣、风度、学识和技能等方面的综合品质。

一、职业道德素质

职业道德是所有从业人员在职业活动中应该遵循的行为准则，涵盖了从业人员与服务对象、职业与职工、职业与职业之间的关系。随着现代社会分工的细化和专业化程度的增强，市场竞争日趋激烈，整个社会对从业人员的职业观念、职业态度、职业技能、职业纪律和职业作风的要求越来越高。职业道德教育是职业教育的核心，在日益激烈的市场竞争当中，人们往往忽视职业道德教育。中国传统教育是知识本位的教育，强调对知识的死记硬背；改革开放之后开始重视能力的教育，从原来的"知识本位"发展到现在的"能力本位"，人们的认识发生了很大转变。

旅游业是一个服务性行业，同时也是我国对外开放的一个重要窗口，这就对旅游从业人员的职业道德素质提出了新的、更高的要求。旅游从业人员既要爱岗敬业，树立良好的服务意识，又要增强社会责任感和职业责任感，具有吃苦耐劳、乐于奉献的精神，并能规范自身服务。未来的旅游事业能否获得持续发展，旅游从业人员的职业道德素质是一个重要的重要因素。换句话说，服务质量已成为制约旅游行业发展的重要因素。因此，旅游职业道德教育有极为重要的实际意义。作为旅游管理专业的学生、未来的旅游业工作者，应该具有良好的职业道德素质，以适应社会的需要。

作为服务业的旅游行业，提供服务、创造服务是该行业的特点，这就需要从业者具有服务意识。商品社会中，服务已经发展成为一种产品，可以在市场中通过交换和买卖来实现自身的商业价值，只不过它是无形的。归根结底，服务是通过为他人做事，让别人收获一定的益处。服务意识指的是服务行业的工作人员是怎样看待服务的，其内心对服务有何感受。

旅游行业中有大量的以服务形式存在的产品，吸引具备良好服务意识的人才进入行业之中，是推动旅游行业不断发展的需要。对旅游人才来说，服务意识是他们应该具备的最基础的素质。服务意识的培养，一方面契合当前市场客户的需要，另一方面也关系着旅游行业的长远发展。

但事实上，受传统思想的影响，服务被视为"伺候人"的观念依然存在。在社会交往中，人与人之间存在着双重关系，也就是人与人之间的关系以及人所充当的社会角色之间的关系。人与人之间的关系是平等的，但社会角色之间的关系则是非平等的。在服务业中服务与被服务的关系就是一种社会角色之间的关系。承担"服务"这一社会角色时，就必须根据这一社会角色的行为规范去行动，但前提是人格的平等。保持人格的平等是自尊、自重，而完成"服务"这一社会角色的职责则需要"服务精神"。

职业意识是调节和支配职业行为的调节器，一个毫无职业意识的职业人是很难胜任一个工作岗位的。对于旅游管理专业的学生来说，对旅游管理专业有一个清晰的了解，是从事旅游业的前提和基础。旅游业高失业率的原因之一就是旅游管理专业毕业生对旅游业没有清晰的了解和认识，缺乏从事旅游业的信心和耐心。作为一名旅游管理专业的学生，清楚地了解旅游业的发展前景、就业前景以及旅游专门人才的培养目标，并结合自身条件、兴趣爱好制定可行的职业生涯规划是至关重要的。只有这样，才有可能真正认识旅游业，明确发展方向，具备清晰的旅游职业意识。然而，多数院校在职业意识教育方面认识不足，尚未进行系统的职业意识教育。

二、职业文化素质、国际化素质及思想政治素质

（一）职业文化素质

旅游业是一个综合性行业，对旅游从业人员文化素质的要求是广而实用，对高层决策和开发研究人员知识文化的要求自不用说，对管理层人员和一线服务人员知识文化的要求也是如此，这是由旅游管理专业的学科特点和旅游行业的实际情况所决定的。旅游管理学科属于综合性边缘学科，它既有哲学、经济学、社会学、中外语言文学、历史学、心理学、管理学等多种学科的专业知识，也涉及法学、音乐、美术、考古、民族民俗、地理资源、环境生态、信息统计、运动生理、保健护理、财务营销等学科的专业知识，还包含从业人员自身修养、形象设计、公关礼仪、语言口才、服务艺术等多方面的应用知识。比如，对导游人员而言，他们需要有宽广的知识面，古今中外、天文地理要通览了解。导游人员不应成为纯"带路导购"人员，导游讲解也不能是胡编乱造的内容，现代旅游需要的是"知识型""专家型"导游，游乐休闲也讲究知识性和艺术性。所以，要使旅游事业在未来得到良性发展，旅游从业人员的职业文化素质是一个关键的影响因素。

（二）国际化素质

旅游行业具有一定的国际性，因此旅游人才应具备国际化素质。例如，旅游人才需要具备优秀的外语技能，了解相关的国际惯例，等等。只有这样，旅

游人才才能在工作中顺利地与国外游客进行交流。随着知识经济社会的到来，信息技术的应用越来越普遍，旅游行业中对信息技术的应用也越来越广泛。作为当前旅游市场的从业人员，首先需要具备的就是优秀的信息技术应用能力。旅游是涉及众多学科的综合性学科，旅游人才应该"一专多能"，既要具有宽广的视野和知识面，又要具备优秀的专业能力。知识经济社会，知识日新月异，竞争和技术革新不断产生，与之相适应的必然是终身学习型社会。在日新月异的旅游业中，一朝掌握受用终身的知识、能力已不复存在，旅游从业人员必须与时俱进，不断学习，不断更新自己的知识与能力。这样，学习能力就成了最重要的能力之一。

（三）思想政治素质

思想政治素质，指的是人在生命活动范围内所树立的世界观、人生观和价值观，是最重要的素质。旅游人才在工作中会直接接触来自国内与国外的游客，其自身的形象与素质一方面代表着个人及企业的形象，另一方面也代表着中国及当地的形象。因此，作为一名合格的旅游行业从业人员，需要具备优秀的思想政治素质。

三、职业技能素质

旅游业是一个实践性行业，对从业人员的能力素质要求包括综合运用理论知识解决实际问题的能力，旅行社管理、导游服务的综合能力和技能技巧，饭店管理与服务的技能技巧，外语口语能力，人际交往能力，公关能力，礼仪服务的技能技巧，口头、文字表达能力，计算机网络应用能力，旅游营销技能，等等。能力（包括技能）本位是现代旅游业对从业人员素质要求的发展趋势。

对于现代旅游从业者的培养，专业特定技能、行业通用技能固然必要，而"核心能力"更不能忽视。从"以服务为宗旨、以就业为导向"的职业教育宗旨出发，高等旅游管理教育也应该从人的终身职业能力开发角度展开。旅游业的职业能力培养应该由高等教育机构、旅游行业企业，乃至社会共同参与。

在专业特定技能、行业通用技能、核心能力这三项能力中，最容易进行培养的是专业特定技能，其次是行业通用技能，原因是这类能力培养可以根据职业标准进行，目标、培训过程、考核方式方法都很明确，但也最容易陷入应试型职业教育。最难把握的是核心能力。核心能力是通用性最强的职业能力，是人们在职业生涯，甚至日常生活中所必需的，并能体现在具体职业活动中的最基本的能力，它们具有普遍的适用性和广泛的可迁移性，其影响辐射到整个行业通用技能和职业特定技能领域，对人的终身发展和终身成就的影响极其深远。但这种能力的培养将是一个长期的过程。

核心能力的培养是职业（专业）教育与以掌握特定行业，甚至特定岗位所需技术、技能为目标的职业培训的最大差异所在，与短期的职业培训相比，作为长期过程的职业（专业）教育应该将重心置于"核心能力"的培养，与专业特定技能、行业通用技能相比，"核心能力"更为重要。职业（专业）教育包含专业特定技能、行业通用技能，但专业特定技能、行业通用技能绝不等于职业（专业）教育。

随着知识经济社会的到来，社会中不断涌现出新的知识、信息、技术形式，不断推动着政治、经济、文化等领域的发展。随着社会的进一步发展，国家与国家之间的知识界限越来越不明显，知识的全球化特征逐步显现。知识的发展速度也在逐渐加快，市场中的激烈竞争、各个行业的技术革新等在不断推动着知识经济向前发展。社会形势的发展日新月异，行业发展对其中从业人员的灵活思考能力的要求越来越高。

信息网络技术的不断发展，使得旅游行业能够在进一步普及的基础上，实现更加多样化、个性化的发展。随着经济全球化步伐的不断加快，旅游行业也在不断地走向全球化，旅游企业之间的竞争逐渐发展为跨国企业竞争，与此同时，国际旅游企业之间的合作也比之前更加紧密。多样化、个性化、全球化，旅游行业的新特征推动着旅游行业不断创新，也为旅游企业的创新提供了良好的基础及前提。知识经济时代的到来，赋予了旅游行业更加多样与新颖的服务内容与形式。旅游行业的发展越来越成熟，旅游环境越来越舒适与方便，在此基础上，多样化、个性化的需求将成为游客的最新需求特征。为了应对这种新变化，旅游管理专业人才需要充分意识到游客的潜在需求，并将这种潜在需求转化为新形式的旅游产品。因为这一点，创新能力将成为未来旅游人才的必备素质之一。

四、职业身心素质

旅游业是一个富有挑战性的行业，对其从业人员的心理素质和体能素质有着很高的要求。市场经济条件下，旅游人才的竞争日趋激烈，将要成为旅游行业从业者的人一定要有充分的心理准备。一方面，旅游业就业门槛低、包容性强，对不同类型、不同层次的劳动力都有需求，加上旅游业的大发展为社会提供了巨大的就业空间，吸引着很多人参与到旅游市场的人才竞争中。另一方面，产业结构的调整势必带来就业结构的调整，严峻的就业形势和旅游业对人才的一些特殊要求，如身高、长相、外语、年龄、职业素质等，又增加了社会就业人员从事旅游行业的竞争激烈性。同时，对在职从业人员来说，随着旅游业的发展，用人标准中素质要求的不断提高，人事管理制度的改革，其竞争也会更激烈。

这就要求旅游业从业人员要有紧迫感，要提高自身素质，努力工作，以适应旅游市场对人才这种动态的能进能出、能上能下的用人竞争机制。体能是旅游从业人员的从业基础，健康的体魄和充沛的精力是旅游从业人员的从业前提。中国旅游业能否跃升"新阶"，能否实现"再创业"，关键在于能否持续多元地进行开拓创新。在人才培养方面要做好两个素质的转化：其一，实现"智商（先天）—智力（后天）—智能（创新）"的有效转化；其二，实现"体能（基础）—技能（手段）—创新（素质）"的强度转化。

第三节　高等教育旅游管理专业人才培养的主要目标

近年来，中国的旅游产业得到了迅速发展，无论是国内旅游还是境外旅游都呈现增长趋势，这就对旅游管理专业人才的素质提出了更高的要求。但在现实中，旅游管理专业人才的素质和技能却远远落后于行业要求，尤其近年来频频曝出的导游人员服务不到位、素质差的情况，给旅游行业带来了很大的负面影响。如何才能改变这一状况，提升旅游管理专业人才的素质，进而促进旅游行业的健康持续发展，成为摆在人们面前的一道难题。

旅游人才培养的基本目标是：通过全行业的人才开发工作，使旅游业的公务员队伍、企业管理者队伍和导游员队伍的整体素质在现有基础上提高一个层次；通过加强旅游人才开发的力度和大力培育旅游人才市场，逐步建立一套系统、高效的大旅游教育的人才开发体系和开发机制，使旅游业的行政领导人才、职业经理人才、短缺专业人才和教育培训师资人才的供给，在数量、素质和结构等方面适应参与国际旅游竞争的需要，为中国实现世界旅游强国的目标提供人才保障。

一、道德品行

简单地说，道德品行教育就是对学生品性和行为的教育，但又不仅仅是品性和行为的教育，它应该包括对学生的行为规范、礼仪礼节、职业道德和职业素养的教育。当然，不同的行业的品行教育理念也是截然不同的。就旅游行业而言，品行教育是一种以提高人的道德素质为主要内容，进而以服务于社会为目的的教育模式，是造就"有理想、有道德、有文化、有纪律"，德、智、体、美、劳全面发展的高素质技能型旅游人才的教育模式。

（一）正容体，齐颜色，顺辞令

《礼记》记载："礼仪之始，在于正容体，齐颜色，顺辞令。"这就是"修身"。国际著名的旅游名校、世界旅游高层次人才培养的摇篮瑞士理诺士国际酒店管理学院对学生的着装有着严格的要求，对校服甚至是实训课的装束都有着严格的规定。在他们看来，校服是学校形象和学生形象的重要组成部分，学生无论在何时何地，都必须以一种正确的方法和神圣的态度来穿着校服，以维护学校的声誉。校园内张贴的有关校服的照片，告诉大家正确的穿着方式和如何保持完美的仪容仪表。以国际旅游名校对学生外表的要求为标杆，逐步探索符合中国国情又能代表旅游院校形象的行为规范，是学生品行教育的主要内容之一。

（二）不学礼，无以立

所谓礼仪，即人际交往的基本规则，是人际交往的行为秩序。旅游行业是面对人服务的行业，礼仪有着特别重要的意义。就如孔子所言："不学礼，无以立。"在旅游行业中，只有学习礼仪并且遵循礼仪，才可以有效避免由于各自的文化、历史差异而产生的误会、隔阂与矛盾。若不懂交往的礼仪，将会直接影响服务的质量，甚至还会有损国家的形象。

"礼"的基本要求是：每一个人都必须尊重自己、尊重别人并尊重社会。对旅游从业人员而言，这是最基本的素质。"仪"的含义则是规范的表达形式。任何"礼"的基本道德要求，都必须借助于规范的、具有可操作特征的"仪"，才能恰到好处地得以表现。对旅游从业人员而言，不仅要懂"礼"，还要掌握"仪"。在旅游服务中，礼仪是品行教育的一门必修课程。

随着旅游业的蓬勃发展，旅游管理专业人才在旅游业发展过程中发挥着愈来愈重要的作用，而旅游人才的职业素养极大地影响着旅游企业的形象和发展，进一步影响着整个旅游产业的健康发展。然而纵观目前旅游管理专业人才的培养现状，虽然院校培养出来的旅游管理专业人才整体素质比较高，但仍出现了一些问题：一方面，毕业生就业状况不理想；另一方面，旅游企业难以招到需要的人才。因此，如何加强旅游管理专业学生的职业素养教育成为各院校亟待解决的难题。

二、人才品质

追求卓越，提升学校教育品质，已是当前世界先进国家教育发展的主流。旅游人才品质概念可以定义为：在一定社会条件下，满足旅游业特定岗位需求，能以其创造性劳动对旅游及相关行业和社会的发展、人类的进步做出某种较大贡献的人。

教育体系的品质，即在实施教育和发展科学技术文化的过程中，满足要求的教育功能系统自身的固有特性。这个体系包括教育机构的组织、过程、程序、资源及管理。影响教育体系的因素包括教育品质模态中的所有相关参量，这些相关参量不同程度地以各自的方式影响着教育机构及其教育。大致来说，这些参量可以分为外部系统和内部系统。

外部系统指学校不可控的一些因素，如教育改革，包括教育体制改革以及国家制度、经济体制、科技体制、管理体制的改革，实质都涉及建立适应中国特色社会主义现代化建设需要的教育体系及高效率的运行机制。内部系统指学校运行及人才培养的具体环节，是学校科学利用各种资源，从而培养出符合既定目标的高品质人才的体系。正是因为它的可控性，不同的学校才具备不同的品质。

三、品位培育

"品位"一词在《现代汉语词典》（第7版）中的一个解释为"泛指人或事物的品质、水平"。也就是说，其在实际运用中关涉对象不仅有物，还关涉到人。当关涉对象为人时，品位意味着一定对象的档次与格调，与人在某方面的具体能力有关。对于专业人才的品位，有人将它等同于质量，这就有所偏颇。质量指人才符合的普遍性标准，它由既定的评价体系来进行考核；品位则是在符合质量标准的基础上个性自我发展的结果，它在社会生活的诸多方面体现为个体的风格。也有人将品位等同于品牌，这也是不妥的。一方面，品位是个人内在的精神生活的层次和格调的高低，品牌则是较为系统的理念、行为规范、视觉识别等。另一方面，品位是零散的、非张扬的特征，也就是说，只有达到一定的品位，才有可能形成品牌，不同个体、组织的品位是可以相同的，同时其品牌一定是有特色的并被广泛认同的。

旅游业对从业人员的要求有句著名的表述：我们是为绅士服务的绅士，是为淑女服务的淑女。这句话非常形象地说明了对旅游从业者品位的要求。高等教育旅游管理专业的教学中，要注重对学生的品位培养，而影响学生品位形成的因素有以下几点：

（一）独立思考

通过独立思考进而建立独立的见解，形成自己的态度，检验自己的思想，避免人云亦云。

（二）热爱生活

传统意义上的品位是对自然、对美、对和谐的亲近和本能的认同，是对艺术的感知力、鉴赏力。唯有热爱生活，才能细细品味，享受生活。

（三）注重细节

越有品位的人往往越注重细节，因为细节里包含人的审美和情趣，细节里有人的生活态度。日常待人处世，有品位的人会做到谦和而不自卑，高贵自尊而不盛气凌人，节俭而不吝啬，富有而不挥霍，彬彬有礼而不刻板拘谨，随意而不放肆，自然流露而不大肆张扬。

（四）自然与和谐

品位强调人与人的和谐，人与自然的和谐。在人际交往中，人们往往把大度、气质、谦让、温和、包容、静谧作为品位的评价标准。在人与自然的关系中，提倡绿色环保、和谐相处。品位还体现为一种环境，环境对教育的作用历来为教育界所重视。著名教育家陶行知曾提出"社会即学校""生活即教育"的理念，体现了社会环境的教育作用。

第三章 旅游管理专业人才培养模式的理念与实施

第一节 高等教育旅游管理专业人才培养的主要模式

近年来，中国旅游业迅猛发展，各旅游企业对人力资源的需求急剧膨胀，但是旅游人力资源的供给却相对滞后，旅游人才市场人力资源储备不足，旅游人才的培养与社会需求脱节，旅游企业面临着高速发展中的人才瓶颈问题。所以我们应该吸收国际上的宝贵发展经验，并将其与我国的旅游人力资源现状结合起来，不断改善我国旅游管理专业的人才培养模式。

人才培养模式是指学校为实现培养目标而采取的培养过程的构造样式和运行方式，它主要包括专业设置、课程模式、教学设计、教育方法、师资队伍组成、培养途径与特色、实践教学等要素。同一类型的人才可以有不同的培养模式，但具体到某一种模式，必然有其独特的架构。高等旅游教育要逐步做到和普通高等教育同步发展，就应该构建和当前社会发展特征相适应的特色更加鲜明的人才培养模式。

一、高等教育旅游人才培养模式的要求

考虑高等教育旅游人才培养模式，必须首先考虑以下几个要求：

（一）适应知识经济社会的要求

中国的发展方向是更加注重高新技术的知识经济型社会，旅游业也要制订与这一发展目标相适应的发展计划，在未来的发展过程中更加注重高度信息化、高知识含量，提供更加多样化、个性化的服务。对旅游从业者而言，职业变化的可能性较大，所以应使人才培养的能力目标在具有明确的职业针对性的同时，着眼于知识经济社会对新一代人才的全面要求，重视对学生毕业后从事任何职业都需要的一些关键或基本能力的培养，不能把培养目标的职业能力狭隘化、绝对化。

（二）适应经济国际化、全球化的要求

我国的开放程度越来越高，经济产业的发展势必会和其他国家紧密地联系在一起，国际化、全球化将是中国经济产业，特别是旅游产业的重要特征。为应对国际化、全球化，外语能力等国际社会通用能力的培养当然重要，但更重要的是职业能力的国际化，培养国际通用的职业能力势在必行。

（三）适应学习型社会的要求

知识经济社会的典型特征之一便是学习型社会，吃老本的时代已经成为过去式。从终身教育的观点出发，包括职业教育在内的任何教育都不再是"完成教育"。随着旅游业的发展日新月异，知识更新的速度不断加快，学习能力的培养将成为高等旅游教育的重要任务。

（四）适应劳动力市场的要求

当前我国社会与经济发展越来越好，不过现在国内仍然存在很多亟待解决的棘手问题：资源紧缺，劳动力供大于求，知识经济对简单劳动雇佣的排斥，等等。高等旅游教育是突破这一瓶颈的重要途径之一，但高等旅游教育不能仅仅满足于解决就业问题，更需要提升劳动力的层次。从学生职业能力的角度看，他们也必须面对严峻的现实。要提升学生就业竞争力，培养其应对职业更新、技术更新的能力，同时也必须培养学生的自主创业能力以及对职业转换的承受能力。

（五）克服普通教育的弊端的要求

在我国，基础教育更加注重升学率，而非教育本身，升学竞争对学生来说要远远比学到知识本身更加重要，在公民的基本能力培养方面存在很大缺憾。高等旅游教育有必要对此进行"补课"，通过基本行为规范教育、思想政治教育、道德教育，使学生形成基本职业素质；通过专业教育使学生形成专业能力；通过对探究问题、解决问题能力的培养使学生形成创新能力。也就是说，首先要培养符合新时代要求的"人"，在此基础上再将他们培养成为"职业人""专业人"。

二、全日制高等教育旅游人才的主要培养模式

（一）"工学结合式"旅游人才培养模式

"工学结合式"旅游人才培养模式是一种以实践性、应用型旅游人才培养为主要目的的教育模式。"工学结合式"人才培养模式，从广义的层面上来说是利用学校、社会两种教育资源和教学环境，在学生学习期间交替安排学校专

业理论学习和校外顶岗工作，对学生进行"知识—能力—素质"培养的一种教育模式；从狭义的层面上来说指的是"校、企、师、生"四方经过适当的配合与联系，培养更加全面的旅游人才的培养模式。"工学结合式"旅游人才培养模式重点就是把实践型、应用型旅游人才的培养与旅游企业紧密联系起来，在旅游工作实践中培养真正的实践型、应用型旅游人才。

"工学结合式"旅游人才培养模式大致采取以下两种实施方式：①工读轮换制——把同专业、同年级的学生分为人数相等的两组，一组在学校上课，一组去企业劳动，按学期或学季轮换；②全日劳动、工余上课制——学生在企业被全日雇佣，顶班劳动，利用工余进行学习，这种模式通过讲课、讨论等方式把学习和劳动的内容联系起来，学生在学校学习的是系统课程，在企业主要进行技能提升训练。欧洲的部分国家采用的就是这种人才培养模式，例如德国的部分职业技术院校。我国旅游院校也可以逐步探索这种人才培养模式，以此来培养出更加符合社会发展形势的旅游专业人才。

（二）"前店后院式"旅游人才培养模式

在"前店后院式"旅游人才培养模式中，"后院"即课堂，指课堂上的理论教学；"前店"即课堂理论教学之外的其他教学成分，分为校内生产性实训基地和校外实训基地。"前店后院"就是以旅游行业的雄厚资源为平台，以培养应用型、技能型人才为目标，以理论教学和实践技能训练密切结合为原则，以教师与学生"双重角色"的交叉互换为手段，以产学研结合为途径的人才培养模式和教学运行模式。

1.学校引进企业模式

将企业引进学校后，也就是将企业的一部分生产线建在校园内，就可以在校内实行理论学习和顶岗实训相结合的办学模式。这种模式一方面为企业提供了更加充足的发展场地，另一方面也为学校组织学生实习提供了充足的训练设备，真正做到了企业与学校资源共享，对企业与学校来说是共赢的培养模式。

2.校企互动模式

校企互动模式是由企业提供实习基地、设备、原料，参与制订学校的教学计划，并指派专业人员参与学校的专业教学。通过企业优秀管理者或工程师、技术人员到学校授课，学校教师给企业员工培训，校企双方互聘以提高学生和员工的素质。通过校企双方的互聘，学生在教学中获得技能训练，既可以提高学生的专业技能，也可以为企业生产产品、为企业创造价值，既解决了实训经费紧缺的难题，又使学生练就了过硬的本领，真正实现在育人中创收、在创收中育人。

校企合作可以使企业得到人才，学生得到技能，学校得到发展，从而实现学校与企业"优势互补、资源共享、互惠互利、共同发展"的双赢结果。

（三）"订单式"人才培养模式

"订单式"人才培养模式是要求高校与用人企业针对社会和市场需求共同制订人才培养计划，签订用人订单，通过"工学交替"的方式分别在学校和用人单位进行教学，学生毕业后直接到用人单位就业的一种产学研结合的人才培养模式。该模式将企业直接引入职业教育，让用人单位直接参与人才培养全过程，整个教育活动都是围绕协议展开的。

在这种模式下，学生在进入学校的同时就肯定会有工作，毕业的时候就可以直接就业，实现招生与招工同步、教学与生产同步、实习与就业联体。教育的实施由企业与学校共同完成，培训和考试内容来源于企业的需要。开设企业所需的专业技能和实习课程，企业在具体的职业培训中发挥着更为重要的作用。

根据企业需要对学生进行短期的技能培训，培训完后，经企业组织考核合格，就可按合同上岗就业。这种合作针对性强，突出了职业技能培训的灵活性和开放性，培养出的学生适应性强、就业率高、就业稳定性好。但不足之处就是，学校很被动，培养多少人、什么时候培养，完全根据企业需要，学校没有主动权。这是一种初级的合作模式，一般在中专院校运用得比较多。

三、高等教育旅游人才培养的质量保障

（一）教师专业发展

不管是专科层次、本科层次还是研究生层次的教育教学，不管是理论性教学还是实践性教学，要想提高教学的有效性，首先必须保证的一点就是教师的教育教学能力。

高等院校教师整体的资质水平、教学能力、教学态度在很大程度上决定着教育效果的好坏。基于高等旅游教育培养目标，高等旅游院校教师首先必须具备适应知识经济社会、国际化产业社会所需要的能力，例如国际视野、外语能力、信息技术，同时必须具备国际通用的专业技术、技能。与所有教师一样，高等旅游院校教师必须把"育人"放在第一位，必须具备对学生进行思想品德教育、行为规范教育的能力。作为高等旅游院校教师，其职业特点要求其特别应该具有对学生进行职业道德、职业规范教育的能力。高等旅游教育不仅要求教师具备相关职业、专业的知识，传授职业、专业知识的技能，更要求教师具备进行实践型教学的能力，包括实际操作与演示的能力。要求学生"学""做"结合，教师就必须具备"教""做"结合的本领。作为旅游管理专业的教师，一定要时刻关注国内外旅游管理专业的发展形势，并对旅游管理专业的理论知识不断进行钻研与拓展，同时还要培养自身课程开发的能力。

高等旅游教育教师的能力结构包括专业知识、学术能力、实践性技术技能

以及教育教学技能，但不同层次的教师侧重点不同。专科阶段教师更强调实践性技术技能与教育教学技能，而本科、研究生阶段的教师则更强调专业知识、学术能力。

高等旅游教育教师专业化培养的途径可以是多样的。除了高等教育机构研究生阶段的系统培养模式，对具备一定专业水平、学术能力的对象进行教师教育、实践性技术（技能）的训练，对具备一定专业水平又具有实践经验者仅进行教师教育培训，均是可以选择的培养模式。

当前旅游业在迅猛发展，国内旅游人数在不断创造新高。与这一发展形势相匹配，旅游教育的发展也要加快步伐。对高等旅游教育的教师而言，必须不断提升自身的教育教学、学术研究水平，也就是必须不断努力实现专业发展。教师专业发展是教师的专业成长或教师内在专业结构不断更新、演进和丰富的过程。从高等旅游院校的角度看，需要注重在职教师的专业发展，为教师们提供不同层次、不同类型的专业发展机会。

（二）学校管理体制

为保障高等旅游教育人才培养质量，有必要建立人才培养质量的评价、评估机制。评估、评价是维持并提高高等旅游教育质量的重要途径，而评估、评价的前提是信息公开。教育市场是一个信息不对称的市场，为维护受教育者的利益，旅游院校应该积极公开自身的管理运营、教育教学、毕业生就业等重要信息，构建以信息公开为前提，院校自我评价、专业机构的第三者评价以及社会舆论监督等构成的质量保障体系，以提高高等旅游教育的质量。通过信息公开，推进改革、强化管理、鼓励个性化发展，从根本上完善高等旅游教育人才培养评价机制，为高等旅游院校坚持特色、提高质量提供保障。

高等旅游院校学生的学业评价必须注重实践导向，并逐步向学校评价与社会评价相结合的方向发展。必须改变传统的单一评价方式，以职业资格、职业能力为导向，建立多元的评价体系。从根本上将应试型的职业、专业教育改变为能力形成型的职业、专业教育。

保障高等旅游教育人才培养质量需要有一个良好的制度环境，高等旅游院校必须不断创新院校内部管理体制，建立效率型组织机构和运行机制，完善管理机构的设置制度，减少中间层次，提高工作效能，强化与人才、劳动市场接轨的职能部门。

必须建立竞争型人力资源管理体制，由"身份管理"转向"岗位管理"，建立激励、竞争、淘汰机制，建立以岗位绩效工资制为主的薪酬制度。同时，还必须建立起管理行为监督制约制度。

（三）教育教学环境

旅游业是为现实中的每个人提供服务的行业，是能够给人带来幸福与美好享受的行业。实践性、文化性是旅游业人才培养的最重要的特点。而实践性需要"做"，文化性需要"熏"与"染"。

保障高等旅游教育的质量需要良好的实践环境，需要优良的旅游教育实训实验基地，需要有模拟客房、前台、票务中心、旅游车、厨房等旅游实训设施。另外，实训实验基地建设不能满足于模拟旅游业已有服务形态，必须研究摸索超越旅游业现状的服务形态，创建新型的服务形态，传播先进的旅游发展理念、旅游服务形态。这一方面直接影响旅游业，另一方面通过人才培养间接地影响旅游业。发挥高等旅游教育的创新带头作用，在与旅游行业的发展紧密结合的同时，不断利用自身知识的前瞻性引领旅游行业的发展。

要形成未来旅游业人才文化内涵积淀，作为隐性课程的校园文化将发挥重要作用。校园文化首先是良好的客观环境，优美的校园、校舍，先进的设施、设备，一切都尽可能贴近旅游行业的实际，使学生能够适应职业环境。但仅有客观环境是远远不够的，更重要的是人文环境。学校优秀的历史传统、深厚的文化底蕴，教师、职员的优良品格，学校的种种规章制度、行为方式，都是校园文化的重要组成部分。学校的客观环境、学校的文化氛围，能够在潜移默化中不断影响学生，不断提升学生的素质与认识，在培养学生职业意识、职业习惯中会发挥无法估量的作用。

第二节　高等教育旅游管理专业育才模式的转型和实施

当前旅游业发展的瓶颈是行业人才匮乏。作为旅游管理专业的职业教育者，要培养出旅游人才，关键是要对现行育才模式进行改革。

一、旅游管理专业育才模式转型的方向

为确保人才培养质量，我们必须构建一个合理的人才培养模式框架。构建高等教育人才培养模式，实际上就是为受教育者构建什么样的知识、能力、素质结构，以及怎样实现这种结构的方式。人才培养模式构建与课程体系、教学内容紧密相关，主要包括知识结构的构建、能力结构的构建和素质结构的构建。

（一）知识结构的构建

旅游管理专业学生的知识结构是不同内容、不同形式的知识在学生认知结构中所积淀的层次与比例关系。知识结构是衡量人才培养质量的主要尺度

之一。

1. 知识基础化

要把知识结构的重心放在基础知识、基本原理上，加强基础是应对多变社会环境的一种重要策略。基础知识是本源性知识，学生掌握了基础知识有利于抓住事物的共性，可以举一反三。一个人只有在工作和生活中凭借其在学习活动中获得的基础知识和自学能力，不断扩展自己的知识面，优化、更新自己的知识储备，才可能适应社会。旅游管理专业教育既要重基础，也要重专业，二者比例要适度。基础课的定位要准确，高校不要为了追求课程量而贪多求广。基础课的定位要真正体现基础性，要使基础知识与专业知识相融合，内化为学生的能力。

2. 知识综合化

知识综合化，并非生硬地将知识叠加起来，而是要对不同的知识结构做出系统的整合，使学科之间相互渗透，形成整体性概念，真正起到"1+1＞2"的效果。在知识综合化方面，一是注意学科知识间的渗透与综合，重视知识与实用性的沟通、转化，在高新技术的教学应用实践中体会知识综合化的魅力，使学生学会用综合化的知识解决专业性、技术性问题；二是注意人文教育与科学教育的渗透与迁移，要在科学教育中渗透人文思想，促进人文教育与科学教育的自然融合。

（二）能力结构的构建

能力是指保证一个人顺利进行实践活动的稳固的心理特征的综合，与心理活动特征有关。

1. 获取知识能力的培养

在获取知识能力的培养方面，提倡教师主导与学生自学并重，充分发挥学生学习的主动性、能动性。在课程设置上，要以学习者为中心，在教学中充分体现教师主导和学生主体作用，使学生实现从"学会"到"会学"的飞跃。同时，要在学习中构建整体知识网络，注重知识的形成过程和实用价值。这样有助于改善学生的智能素质，特别是有助于学生获取知识与更新知识，为学生的不断发展和终身学习打下基础。

2.运用知识能力的培养

运用知识的能力是指人在社会实践活动中运用所学知识分析问题、解决问题的能力，例如将解决当前问题的方法应用于解决以后的同类问题。运用知识的能力与学习知识的能力的核心都是思维，但运用知识的能力偏重活动，体现为智力与能力的结合。培养运用知识的能力的关键，是让旅游管理专业的学生参加实践活动，真正发挥实践教学的功能。要针对旅游管理的专业特点、职业特点、技术特点、岗位特点开展实践活动，让学生用基础理论、基础知识指导实践，在实践中深化对知识的理解，实现知识与能力的融合。

3.创造能力的培养

高等教育一方面要注重对学生基础知识与技能的培育，另一方面，也要注重对学生整体素质与能力的培育，注重对学生内在的潜能的挖掘，充分尊重学生的创造性与个性。同时，它强调企业、社会的参与，这样有利于学生创新意识与创造能力的培养。要培养学生的创造能力，重要的是开展主体性教育和个性教育，鼓励学生用发展的眼光看问题，敢于突破常规和定式。当务之急是改革教学方法，变学生被动接受为主动探求，把学生的主动性、能动性放在首位；变教学中的整齐划一为张扬个性，允许学生选课；建立以能力考核为主、常规测试与技能测试相结合的制度，重点考核学生运用知识解决问题的能力；加强科研实训基地建设，引进新设备、新技术，开放实验室，营造创新氛围。

（三）素质结构的构建

素质结构按照不同方法可以划分为不同的单元，我们倾向于将人的素质划分为自然素质、社会素质和心理素质三种。旅游管理专业教育培养的是社会需要的一线人才,在培养学生素质结构时,由于自然素质不易改变,因此主要是培养学生的社会素质和心理素质。

1. 社会素质的培养

社会素质不是先天素质,它是在后天培养与塑造的,能够对整体的素质结构起到一定的调节作用。它一方面要以自然素质、心理素质为基础,另一方面又给这两种素质打上一定的社会烙印。它既引导个体做人,也引导个体成才。内化是社会素质形成的重要机制,它是指个体从外部获得道德和知识,通过内省与吸收成为自我的一部分,使人形成一种好的涵养、气质,使个体的人成为社会的人。旅游管理专业的教师在培养学生的社会素质时,要充分发挥正面教育的作用,多树立正面典型,使学生不自觉地向正面典型看齐。要注意纠正学生在专业课程与公共课程的学习上一重一轻的倾向,避免因这种倾向造成知识的偏差、人格的移位。

2. 心理素质的培养

心理素质相对于人的其他素质来说,更加容易出现危机。具体来说,心理素质的主要内容有认知素质、情感素质、意志素质与个性素质。在这些素质中,认知素质影响人的智力发展水平、思维水平,情感素质、意志素质影响个人的成就动机、情绪管理水平,个性素质影响人的气质和人格特征。人的心理素质一旦潜藏危机,就会对个体的发展产生影响,甚至造成难以预料的后果。学校在培养学生的心理素质方面更应该加大力度。一要培养学生的成就动机,使学生懂得人人都可以成功;二要创造并运用良好的氛围,促使学生构建积极、适当的自我意象,引导学生正确认识自我,找准定位,不断塑造自我;三要培养学生的情绪控制能力,以性格培养性格,用情感培育情感,以情绪感染情绪,用情操唤起情操。

知识只有经过消化与吸收才能真正成为人的素质,吸收之后的知识应用于实践工作中就成为能力。高等教育应根据专业需求的不同，在基础课和专业课以及专业理论教学体系和实践教学体系的安排上确定不同的比例，做到从实际出发，灵活多样。总之，旅游管理专业人才培养模式需要随时代的发展而不断发展，在实践中不断完善。

二、旅游管理专业育才模式的转型

旅游管理专业育才新模式只有在理论和实践都成熟的基础上才能创建起来。教育理论研究指出：教育包括基本规则教育和基本能力教育两部分，职业教育属于基本能力教育。因此，能力教育是职业教育的主要矛盾，这就为有效地规划教育资源、教育技术、教育过程，确定育人质量标准提供了基本依据，为高速、高质育才奠定了基础。

（一）新模式的科学表述

为便于准确贯彻新模式，必须对其含义进行科学完整的表述。我们认为旅游管理专业育才新模式应该是：以从业基本能力教育为纲，遵循实践优先、资源优化原则，保证教育过程完整、保证育才质量、保证高效低本。简单地说就是"一纲二优三保"。

1. "一纲"

全部教学过程中的每一环节都必须以训教基本从业能力为纲，教材内容的设置、实习深浅宽窄的确定、学业考核、论文答辩都要贯彻这一方针。它是"二优""三保"五个方面的"纲"，要做到纲举目张。

2. "二优"

第一个"优"，是要确实执行实践优先的教学原则，这是"舞剧模式"的成功经验，新模式也应该对其予以吸收。职业教育的从业方向、从业岗位都已基本明确，学生成才的标志十分清楚：一要有竞岗能力，二要有任岗资质。旅游业诸多岗位都属服务型，理论浅、变化多，而且基本上都是通识型。即便未入岗，也是眼有所见、耳有所闻、心有所悟。在实际岗位的工作中，学生在处理具体环境、具体人群所出现的问题时，会不断被锻炼出各种服务技巧。这种应对能力不是课堂能教出来的，必须在岗位中实练，注意察言观色、揣摩心理、巧妙运用制度、锻炼语言表达能力，只有通过长期实练、积累经验，才能练出岗位能力。因此，实践优先的原则必须全程坚持。

第二个"优"是要优化资源，包括教师团队、教材资源、教学技术、学制长短等诸多方面，通过优化实现精化。这也是受了"舞剧模式"启发而确定的。"二优"是"三保"的具体措施，"优"如果不到位，"三保"就会落空。

3."三保"

出于又好又快的要求，我们提出了"三保"，即保证教育过程完整、保证育才质量、保证高效低本。在一定成本和效率下谈人才质量才有意义。尤其在市场经济条件下，更不能忽略育才效益。新模式就是要在限定费用、限定时间内培养出既定质量的人才。只有强调育才效益，职业教育才有生命力，才能更加有效地为经济服务、为综合转型服务，成为人民满意的教育。

（二）旅游管理专业育才新模式的可行性

1.转型条件

转型不可盲目，需要具备一定的内外条件。具体条件应分为外部条件和内部条件。

（1）外部条件

一是各地经济发展速度较快，对旅游人才的需求大大增加。二是驻地政府不断加大对旅游行业的重视程度，并把这个行业纳入了产业规划，制定了相应的发展目标，出台了一系列行之有效的有利政策。三是驻地旅游业已有一定规模，新的投资正大量涌入。四是政府已将旅游管理专业教育看成产业发展的先决条件，加大了资源投入，提升了助学幅度，使旅游教育资源、旅游教育产业链得到充分利用。五是驻地内部相当一部分旅游企业认识到，经营发展离不开教育业，从行动上主动联手共融，创建校企合作基地。

（2）内部条件

一是高校在制定教育目标时要带有预见性与前瞻性，要具备一定的创新眼光，这样才能不断推动高校旅游管理专业的发展。二是学院内部需要统一政令，做到协调配合。三是学院内部各项工作中都应有一定的骨干人才，配合旅游管理专业整体起步。四是学院应具备一定的资源条件支持利用系统，组建"产-学-研"协作链。五是选定实习导师（业务能手）指导岗位服务或工艺制作，传授技艺，确保实习成效。

2.转型策略

一是不断提升教师团队的素质水平，尤其是实务技能，这样才能有效地推动教育转型的实施。二是优化教辅材料，划定能力重点，进行课时调整，增加实践课时比重。三是在学校局域网上建立专业网页，教师可以利用网络资源制作课件，学生可以开展网上自学，实现师生共建资源、共同研讨。四是改革教学方法，增强课堂教学效果。

三、旅游管理专业育才新模式的实施

（一）"一书多证"，开拓人才培养的就业空间

高等院校旅游管理专业教学的最终目标是让毕业生能够找到合适的工作。旅游业的人才竞争日趋激烈，要使旅游管理专业的人才能适应社会的需要，就

必须使人才培养目标的定位更加准确，使人才培养模式的确立更加合理。"一书多证"既是旅游管理专业人才的培养目标，也是旅游管理专业人才培养的就业需要。"一书多证"是指一个合格的毕业生，必须拥有的证明自己能力的证书体系。对于旅游管理专业的毕业生而言，必须要求他们获得学历文凭证书、导游资格证、星级酒店服务与管理培训合格证、英语（或口语）考核合格证等，同时为学生提供获取其他相关技能证书的机会，如机动车驾驶证、公关员证等。这样，我们的教学管理在保证学生掌握学历文凭要求的文化知识并具备相应的学历水平之外，还必须结合考证的需要安排相应的教学和实践活动，以满足毕业生"一书多证"的目标需要，而拥有"一书多证"的毕业生，就能为自己找到广阔的就业舞台。"一书多证"还要求改革对学生的考核办法，在严格要求各课程学习成绩的同时，更重要的是注重对学生能力和素质的考核。

（二）系统设计，形成人才培养的全程机制

高校在培育旅游管理专业人才时要从系统、整体的角度考虑，要时刻关注当前旅游市场的发展形势，以此为依据来进行招生、教学到就业的全过程的设计、组织和实施，研究人才培养的有效途径和方法，形成更广泛意义上的培养模式和培养机制。高校要以旅游市场信息调研为前提，建立自身旅游人才培养的信息系统，并运用现代技术手段进行收集、统计、综合分析以建立人才培养的全程机制。它包括旅游市场的发展现状和未来预测、旅游管理专业人才的需求状况和素质的动态需求、旅游教育的现有基础和发展目标等。

具体来说，一是了解以市场信息和旅游管理专业人才特殊条件为基础的多形式招生机制。旅游管理专业人才培养包括学历教育和非学历教育，学历教育招生应注重学生文化水平，非学历教育可择优考虑综合条件进行招生。二是了解以市场信息和旅游人才培养的特有方法为基础的多途径培养机制，包括教学组织和学生管理。其中，教学组织侧重能力培养和实践训练，学生管理注重综合素质的培养和提高。同时，要强化职业道德的教育和礼仪与服务规范的训练。

三是了解以市场信息和旅游行业的激烈竞争为基础的就业机制，进一步推进和完善"市场导向，政府调控，学校推荐，双向选择"的就业新机制。

第三节　高等继续教育旅游人才培养模式

我国旅游业近年来得到了快速发展，实现了从旅游资源大国向世界旅游大国的历史性跨越。旅游产业规模、接待能力和发展实力不断提升。旅游业成为中国国民经济的重要产业。

当前旅游行业迅猛发展，对新型专业旅游人才的需求缺口越来越大，创新型专业人才严重不足。随着旅游内涵的提升和外延的扩大，旅游人才需求出现多样化的趋势。经济全球化对国际化人才、知识经济时代对创新型人才、信息时代对高技术人才都提出了更高的要求。但是我国旅游人才的供给远不能满足旅游业的需求，因此加快完善高技能旅游人才继续教育培训成为当务之急。

高等继续教育旅游人才培养模式应做到以下几点：

一、紧贴培训需求

（一）牢固树立面向市场办学的新理念

继续教育及培训要认真分析市场，以满足市场需求质量为目的，面向市场开展调研，选择培训项目，设立培训专业。

（二）牢固树立名牌制胜观念

继续教育及培训要大力创名牌专业、创名牌项目，要努力实现"学员质量上乘、师资力量雄厚、管理人员精干、特色突出"的目标，突出名牌效应。

（三）牢固树立以服务为宗旨的观念

继续教育及培训要树立全方位、全过程、面向全体学员的服务理念，在培训前、培训中、培训后，都要以顾客的满意度为焦点，各个环节都要为学员提供优质服务。

要在正确理念指导下，以教学工作为中心，以提高职业能力为核心，进一步解放思想，实事求是，构建并完善适合成人学历教育及培训工作的教学模式、学习模式、管理模式及协调和谐的教学运行机制。

二、创新培训模式

第一，理论学习和实践训练紧密结合，采用校内专兼教师和校外实践指导教师等多方面共同指导的模式。理论教学要坚持"必需、够用"的原则，注重技能训练，有效服务于技能形成；以社会需求为依据，进一步深化"以职业需求为导向，产学研紧密结合，以素质为核心，以能力为基础，完善继续教育及培训工作"的人才培养模式。

第二，创新教学方法。提倡精讲多练，边学边干，边干边教，将专业知识与技能融合在一起，按照知识、能力阶梯式递进序列，划分为若干个教学模块，每个单元理论教学与实践教学穿插进行；要注重现代化教学手段的运用；要充分考虑学员知识、素质、能力、经验的特殊性，贯彻"教学相长"的原则，要加强与学员的教学交流，某些教学内容也可以采用让优秀学员授课或示范的方法进行。

第三，创新考核评价体系。要加大技能和岗位本领的考核评价的比重，探索并努力形成有利于学员技能和岗位本领形成的考核评价体系。

第四，不断增加人才培养特色。紧贴社会发展需求，着力构建人才培养特色，逐步形成适合社会经济文化全面发展需要的、符合高等教育实际的继续教育及培训的治学方略、办学观念、办学思路、教育模式、特色专业、课程体系、教学方法、实践环节、管理制度及运行机制等。

三、保证培训质量

继续教育及培训教学计划要对培养目标、人才标准、培养内容、培养要求、培养措施做出明确规定，编制课程教学大纲、教学计划和课程目标，要有计划地开发继续教育及培训教材。

要认真做好继续教育及培训教学设计。教学设计要力求符合市场对人才的培训需求，符合学员对自我发展的学习需求，符合行业岗位对职业的实际要求。

继续教育及培训的专业设置和项目，要切实瞄准人才市场需求，深入调研，充分论证和征求意见，编制、申报招生计划。

在教学中要根据院校对培养目标的定位，切实处理好理论与实践的关系。理论课一要考虑与实践的结合度，二要考虑学员的可接受性，在不降低要求的前提下，以"必需、够用"为度。

继续教育及培训工作的有效开展，既要坚持经常开展继续教育及培训需求市场的调研，又要坚持开展对继续教育及培训学员需求的调研，全面提高教育教学的针对性、适应性。

高等院校要有计划地组织人员每年定期或不定期地深入企业进行调查研

究，及时了解和掌握市场需求，围绕需求确定继续教育专业设置及培训项目，制订专业人才培养方案和培训项目计划，开展继续教育及培训活动。

在教育教学过程中，要及时开展对于学员学习需求的调查研究，准确掌握他们的学习要求，及时修正教学计划，调整教学内容，优化教学方式，提高教学质量。

四、加强团队建设

要采取得力的建设措施，着力打造一支素质优良、结构优化、精干高效、适应工作的继续教育及培训队伍。教师要加强学习，努力提高自身知识、素质和能力；要以继续教育与培训师资基地为依托，切实加强业务培训，使教师在专业能力等教学基本功方面得到显著提高，打造一支一专多能的"双师型"教师队伍；要制订师资培训计划，明确目标，提出要求和措施。继续教育学院要组建一支由校内具有丰富教学经验和行业实践经验的教师与企业职业经理人共同组成的专兼职、"双师型"师资队伍。聘请一批资深教师担任兼职教授，聘请在行业中具有影响力的资深职业经理人担任客座教授。

继续教育及培训的教育教学工作具有课程设置的多变性、教学内容的新颖性、管理对象的多元性、教育理念的超前性、教学过程的示范性等一系列特征，师资队伍建设必须体现师资培训的前瞻性、教学手段的现代性和管理思想的先进性。要时刻调整工作计划，使其适应当前的发展变化状况，科学地成立一支高素质、高水平的教师队伍。要成立"继续教育专家委员会"，对继续教育的课程建设及培训内容献计献策。

参加继续教育及培训的专兼职教师要树立现代教育理念，加强教育教学科研，不断改进和优化教育教学方式方法，注重现代信息技术的运用。

要进一步加快继续教育及培训的教学科研步伐，已立项的课题要抓紧研究，形成阶段性成果，积极争取上级有关继续教育及培训的新研究项目，鼓励有条件的教师和管理人员积极开展本领域的课题研究和论文撰写，为继续教育及培训的教学改革不断注入活力。

五、优化培训条件

在挖掘、利用现有资源的基础上，要加大继续教育及培训基地的建设力度，不断改善学员的食宿条件和学习条件，逐步建立并完善继续教育的实验实训设施和设备。

要创建继续教育及培训网络，开发利用网络资源和多媒体技术，进一步开拓继续教育及培训渠道。

第四章 基于 CBE 模式的旅游管理专业人才培养模式

第一节 CBE 培养理论分析

一、能力本位教育

（一）能力本位教育解读

1.能力本位教育的内涵

能力本位教育（CBE）基于对明确定义的能力的掌握来奖励学分。能力本位教育与围绕学时与考试的传统教育形成鲜明对比，学习者需要花费或多或少的时间来理解材料，无论学习的地点、时间或方式如何，能力本位教育的课程可以识别学习者课程范围之外的学习和先前的学习。能力本位教育将重点从成绩转移到学习，强调频繁、有意义的反馈，使学生能够承担比传统模式更多的学习责任。在能力本位教育中，学生必须具备具体知识和技能，才能获得学分和学位，学生通过展示知识或技能领域的能力来获得进步，使用真实、有效和可靠的评估来确定是否已经满足学习成果。学生要么表现出对特定领域的熟悉，要么在他们认为困难的领域中继续学习或掌握知识并获得技能，直到他们能够以自己的速度展示特定的能力。

2.能力本位教育的开展方式

能力本位教育围绕明确定义的能力和可衡量的能力学习目标开展，以实现对这些能力的掌握。与传统课程相比，这些元素往往更精细、更模块化，学习反馈是快速和频繁的，并且因为能力本位教育的能力评价方式是一种形成性的评价，所以这种学习反馈是学习经验的一个组成部分，而不是发生在最终的检验结果。教学通常采取促进学生学习和指导学生的形式，学习者使用各种新方式和工具来完成对材料的学习，直到掌握内容、相关技能或其他能力。通过这种方式，学生在完成学校设定的任何级别的学习目标后，仍然会继续学习。展示能力不仅仅是展示所知道的能力，而且要了解如何运用这些能力。

3.能力本位教育的重要性

近些年来，能力本位教育已经成为高等教育领域的焦点，原因包括对问责制的需求日益增长，获得文凭的途径需要简化，教育成本不断上升，以及人们对毕业生是否为工作做好了充分准备的担忧。能力本位教育充分利用在线网络学习这种方式的优势与潜力，开发出新的模式，既能降低获得学分和毕业证书、职业资格证书所需的成本和时间，又能更好地为学生的职业生涯做好准备。能力本位教育强调学习评估，将学生推向能力的掌握而不是通过考试取得成绩。在能力本位教育的课程中，学生有机会以适当的速度学习，更清楚地了解学习目标并朝着目标前进，将传统的时间固定、学习可变的教育模式替换为时间可变、学习固定的教育模式。

4.能力本位教育对教与学的影响

学生在学习具有挑战性但在他们能力范围内的课程时，会更加活跃、投入和积极，能力本位教育通过将进步与掌握联系起来实现这一点，避免了那些行动迅速的学生感到无聊，也避免了那些需要更多时间学习的学生感到沮丧。教师也更多地参与到教育教学过程中，因为他们通过定义能力和评估能力的方法来工作。能力本位教育挑战了学习只发生在课堂上和教室里的观念，挑战了传统教育的时空观,学习和课程可能会变得不具有线性,让学生找到自己获得能力的途径,并将失败作为一个有价值的组成部分,而不是学习的结果。学生在满足了能力本位教育项目中所包含的所有能力后,可以获得相应的能力证书或职业资格证书。

5.能力本位教育的能力评估

在传统的大学课程中,获得学士学位通常需要通过学分的累积、完成一般教育要求和主要领域或学科的结构化学习,以及表现令人满意的学术进步,并在规定期限内完成计划来实现。传统教育预期的学习成果通常很难清晰地从学生身上看见。

真实的评估及其相应的准则是能力本位教育的关键组成部分,能力本位教育的核心理念是获得学分和证书的过程应该由学习者的知识和能力决定。总体评估策略包括两种:一种是为了反馈与改进学习过程的形成性评估,另一种是为了验证最终掌握程度的终结性评估。在能力本位教育中,评估是与能力和认知水平相一致的,并使用一系列评估类型和模式来衡量学习者掌握的能力在不同背景下的迁移,以确保了解学生是否真正掌握了此项能力。

6.能力本位教育的未来展望

为了使能力本位教育完全融入高等教育,CBE 证书的价值必须得到学生、高校和社会的广泛认可。能力本位教育也可能会引入全新的教学模式,挑战传统教育的学分制。对高校学生而言,从工作场所和其他地方获得的技能和知识将变得越来越重要。随着能力本位教育的普及,高等院校可能会更加依赖导师、教练和顾问来指导学生完成不同的课程。这样的学术环境可能不仅包括传统课堂授课,还包括实习和基于能力本位教育项目的活动,能力的获得将在这些活动中得到评估和验证。

(二)CBE 核心要素

在比尔及梅琳达·盖茨基金会的支持下,公共议程组织开始寻找在 CBE

项目中共享的程序设计元素，几个月的研究和对话浮现出十个共同的设计元素。这些元素都是与包括美国大学协会、美国教育理事会、美国高等教育信息化协会和能力本位教育网等在内的项目发起人、合作伙伴和 CBE 项目负责人合作进行设计的。然后通过综合实地调查，验证了这些因素。

十个共享的设计元素不提供固定不变的指标，而是提供在实践中可以动态调整的、具有广泛性和多样性的项目指导元素，以不同的方式付诸实践。这些设计元素和指导不是具体的能力本位教育项目，而是帮助开发适应当地或者某一个区域发展的能力本位教育程序。能力本位教育需具备十大基本要素，包括：

1. 使用明确、跨领域和专业化的能力

在一个能力本位教育项目中，能力是明确的、精确的。学习者了解他们必须掌握的能力和为了获得这些能力他们能够做的事情。能力本位教育项目描绘了一个合格的毕业生应该是什么样子，这意味着能力涵盖了工作或学习领域的专业和技术方面，以及解决复杂问题和改变现实世界所需的交叉能力。

2. 拥有可衡量、有意义的评估

评估的目的是衡量什么是重要的，并告知决策者。能力本位教育的专业人士首先会明确哪些项目的毕业生应该知道什么以及能够做什么，由此识别何时、何地需要学习者的能力，如何能够证明学习者掌握了这些能力，以及建立一套过程性与总结性、非正式与正式并行的评估体系。

3. 培养技能熟练、准备好走上工作岗位的毕业生

毕业生需要能够熟练地完成所有要求的能力，为适当的领域需求和职业机会做好准备。能力本位教育项目坚持测量能力，并抵制使用替代性的指标来完成测量。

4. 以学生为中心

在能力本位教育项目中，学习者的需要和经验是整个项目的中心。这种有意识的以学习者为中心的设计使得学习者更加投入以及受到更多的重视。课程

的设计考虑到学习者的学习经验,适应学习者的需要。

5.项目过程的持续改进

能力本位教育项目鼓励创新、调整和反思,每个人都分享着持续改进的观点。能力本位教育专业人士和学习者积极地贡献其中。

6.连贯的、能力驱动的项目和课程设计

CBE 项目结构和课程的设计展示了不同的能力,CBE 项目的最终目标是学习者能够熟练掌握各种项目的能力,并为毕业后的需求做好准备。CBE 项目的所有方面都旨在培养学习者的实践掌握能力。

7.全职的员工和外部合作伙伴

教师、员工和外部合作伙伴都进行投资和参与。CBE 专业人员和合作伙伴为 CBE 项目、课程设置和选择能力提供信息和丰富信息,使其更可信、更可持续、更丰富。

8.有效且可以满足需求的项目业务流程和数据系统

业务流程和数据系统相互通信,并协同工作,以最佳地启用各种程序组件。CBE 专业人员调整 CBE 模式和技术系统,以达到自动化。自动化的业务流程和系统可以节省金钱、时间和精力,同时简化各种程序级别的活动。

9.采用新的或经过调整的财务模型

以一种对机构和学习者来说都有效的方式满足学习者的需要是最重要的,这需要调整当前的财务模型,或建立全新的财务模型。能力本位教育项目试图让许多类型的学习者都能负担得起。

10.灵活设定员工角色和员工结构

灵活设定员工角色和员工结构可以最大化地发挥出他们的个人才能、力量和能力,同时丰富学习者的经验。能力本位教育的专业角色和职责设定是在机构需求和整体组织环境中进行的。

（三）CBE 与传统教育的比较

CBE 发展至今，已使得 500 多所高校受益。本书通过对 CBE 能力本位教育网中关于如今开展的 CBE 程序项目的特点进行归纳整合，将能力本位教育与传统教育在构建学术体系、内容传递、学习的评估、学费、文化的学习、测量进步、预期和教师的角色这些方面进行比较，如表 4-1 所示。

表 4-1 CBE 与传统教育的比较

项目	传统教育	CBE
构建学术体系	课程	能力（知识、技能）
内容传递	以课程为基础的讲座、讨论、实验；方式可以是在线或面对面的；有固定的时间	各种各样的，包括讲座、项目、利用专家开发的公共资源（开放教育资源）；在线或面对面；灵活和个性化
学习的评估	以课程为基础的考试及项目	学生通过一套真实的评估体系来评估，这些评估是为了确定对能力的掌握程度的一个程序；可以使用多种评估方法
学费	基于学期或学分	订购模式以一定的时间为基础收取学费；模块化的学费模型收费标准
文化的学习	学生几乎每天都参加在线课程，并参加由老师主持的讲座或活动	学校和学生人数各不相同；灵活的、个性化的学习环境，可以在课堂、项目中与教师互动，也可以在课堂外学习，或在其他任何地方学习
测量进步	学生在完成课程的过程中获得学分	学生通过展示对能力的掌握而进步
预期	学生在规定的时间内参加一系列的课程	学生的进步取决于对能力的掌握
教师的角色	一名教师可以担任多个角色，担任课题专家、讲师、顾问、课程设计师等	角色可以被拆分，并拥有特定的课程设计人员、评估员、专家等

CBE 不再以传统教育的课程来构建学术体系，而是以能力的培养为核心来

构建，以更灵活和个性化的方式传递课程内容。学生不再通过参加以课程为基础的考试来获得学分、测量进步，而是通过对能力的真实测量评估自己的学习状况。教师在 CBE 中有特定的角色，不再身兼数职，更专注于自身领域的工作。模块化的学费收取也为 CBE 提供了更强的灵活性与针对性，学生有选择地对自身相对较弱的能力采取模块化学习的方式予以提高，不受时间、环境的限制，有效地学习与掌握相应的能力。

二、CBE 培养模式对旅游管理专业开发的指导价值

（一）培养目标"具体化"

以 CBE 培养模式为指导，在广泛调查研究的基础上，在了解旅游行业对从业人员的素质要求和岗位需求的情况下，可明确旅游管理人才的规格要求，明确人才培养目标。

（二）文化教育"功能化"

高等旅游教育就是就业导向教育，是体现职业能力为主旨的教育，反映了教育的工具性。运用课程编制模式，既要考虑面向旅游产业、行业发展的需要，又要考虑旅游教育质量提高的需要；既要考虑旅游管理专业学生当前的需要，又要考虑旅游管理专业长远发展的需要，帮助学生完成理论知识学习任务、旅游职业技能培养任务，在实际职业工作任务的过程中具备旅游职业工作能力，实现学习与旅游职业工作"零距离"。

（三）专业教育"实践化"

职业教育的特征体现为鲜明的职业性和突出的实践性，只有重视并强化实践教学，才符合人才培养的特点，最终才能达到人才培养的预期目标。以课程

编制模式为基础，以培养学生创新精神、创新能力为重点，大力进行实践教学研究和改革，整合实习实训的教学内容，改革实习实训的教学手段和方法，培养创新型人才。遵循旅游职业能力形成规律，由简单到复杂、由单项训练到综合训练，高度重视实训、实习等实践教学，与相关旅游企业合作，系统设计开放性旅游实践教学体系，实现旅游管理专业教育实践化。

（四）教学过程"活动化"

技能型、应用型人才的培养反映在教学过程设计上，就是鲜活。通过课程的项目化，以任务驱动的形式，来设计各种教学活动，完成教学任务。根据课程编制模式，坚持"教、学、做"三合一的原则，以做为核心，以学为主体，以旅游职业能力培养为主线，以旅游项目为载体，以任务为驱动，引导学生在做中学、学中做，帮助学生按照认识规律，由浅至深、由易到难，循序渐进地完成一系列旅游项目任务，让学生获得相应的知识、能力、素质，完成向旅游职业人的转变。

（五）质量评价"社会化"

社会对职业教育人才的质量要求，可以描述为"岗位零距离"，培养出来的学生能否与企业岗位对接，其质量要由社会来鉴定。运用课程编制模式，积极推进就业单位、行业协会、学生及其家长、研究机构等利益相关方共同参与的第三方人才培养质量评价制度，将旅游管理专业毕业生就业率、就业质量、企业满意度、创业成效等作为衡量旅游管理专业人才培养质量的重要指标。通过对旅游管理专业毕业生的质量跟踪与分析，收集用人单位和毕业生自身反馈信息，准确了解旅游管理专业毕业生质量。及时反馈学校旅游管理专业人才培养工作中存在的问题，以及社会对旅游管理人才素质和能力的基本要求，从而为学校在旅游管理专业人才培养方面的改革创新提供较为翔实而完善的参考意见。

第二节　CBE 视角下的旅游管理专业
人才培养多元模式设计

根据人才市场需求，借鉴 CBE 模式，运用 DACUM 分析法，以服务为宗旨，以就业为导向，以"产学结合"为专业建设的原则，以"工学结合"为专业建设的切入点，走产学结合的发展道路。按照"对接产业、依托行业、定位职业、服务社会"的建设思路，构建"校企合作、工学结合、能力本位"的多元化旅游管理人才培养模式。

一、旅游管理专业人才培养模式内涵建设

旅游管理专业人才培养必须紧密对接旅游产业，根据旅游产业发展对人才培养的要求，确定人才培养规格和培养目标，构建"能力本位、双证融通"的模块式课程体系，形成"校企合作、工学结合、能力本位"的人才培养模式。

（一）"一主线，二强化，三结合，四对接"的工学结合人才培养内涵

以培养旅游管理专业学生人文素质与职业素质为基础，以拓展学生的职业技能、创业能力、可持续发展能力为目标，以校内工作室和基地、校外实训基地为平台，将旅游企业的真实项目引入校内实训基地或仿真公司，实行校内实训基地、校内校外实习基地一体化，校企共同实施理实一体、教学做合一、半工半读、顶岗实习。使人才培养目标与行业、企业人才规格相对接，人才培养过程与职业岗位工作过程相对接，教学内容与职业标准相对接，实训条件和环

境与企业实际条件和环境相对接,从而形成旅游管理专业"一主线,二强化,三结合,四对接"的工学结合人才培养特色。

一主线:以培养旅游管理专业技术应用能力为主线。二强化:强化旅游职业道德素质教育和专业技能训练。三结合:理论与实践相结合,教学与生产相结合,学习与工作相结合。四对接:旅游管理专业人才培养目标与旅游行业人才规格相对接,旅游管理专业人才培养过程与旅游企业工作过程相对接,旅游管理专业教学内容与职业标准相对接,教学条件和环境与企业工作条件和环境相对接。

(二)"能力本位、双证融通"的人才培养内涵

能力本位强调对学生的职业技能的培养。在整个人才培养过程中,能力培养始终贯穿于整个培养过程。旅游管理专业人才培养方案所设计的每一个教学环节,都突出学生的语言技能和职业技能的培养。所以,在制订人才培养方案的过程中,在坚持做好市场调研的基础上,依据旅游管理专业对应职业岗位(群)必备的知识、能力、态度要求,按照"人文素养与职业素养兼备、语言技能与专业技能兼通、学历证书与职业资格证书兼有"的培养要求,坚持以学校与企业联合培养为基础,制定出"校企共育、工学结合、能力本位"的专业人才培养模式。

按照"双素养+双技能+双证书"的培养要求,构建以"能力本位、双证融通"为核心的模块式课程结构,将课程分为基本素质课程模块、双证融通职业能力课程模块和职业定位顶岗实习课程模块3个一级课程模块,以"基础能力—核心能力—综合能力"为基本培养路径,对学生的知识能力态度形成系统支持,将学生职业资格培训与考证纳入课程体系之中。

二、旅游管理专业人才培养多元模式构建

通过旅游管理专业建设委员会的探讨，根据旅游管理专业的特点构建具有旅游管理专业特色的人才培养模式。本书构建了旅游管理专业"基地—仿真公司—企业"的递进式、"教室—基地—仿真公司—实习企业"的工学结合、"双素养＋双技能＋双证书"的工学结合三种人才培养模式。

（一）"基地—仿真公司—企业"的递进式人才培养模式

根据"校企合作、工学结合、能力本位"人才培养模式，旅游管理专业在进行广泛调研、分析典型职业工作任务（过程）的基础上，以学校与企业联合培养为基础，以强化实践教学为主要目标，充分利用相关旅游行业、企业资源，将课堂移植进旅游公司或企业，将旅游企业移植到旅游基地课堂和公司，突出技能训练的教学特色，构建"能力本位、双证融通"的模块式课程体系，实施校企共育、工学结合的"基地—仿真公司—企业"的递进式人才培养模式。

（二）"教室—基地—仿真公司—实习企业"的工学结合人才培养模式

旅游管理专业建设委员会在调研的基础上，与旅游企业合作，创设"教室—基地—仿真公司—实习企业"的工学结合人才培养模式，分为三个阶段：

第一阶段：由专兼职教师带教，专任教师为主，引进旅游企业真实项目，在校内旅游实训室或旅游公司实行理实一体、教学做合一，通过完成项目，既完成基本技能与专业技能训练，又完成文化基础知识和专业理论知识的学习，同时完成职业资格证书的考试与培训，至少获得一个职业资格证书。

第二阶段：在校内旅游公司或校外旅游实习基地，由专兼职教师带教，通

过旅游企业真实项目，进行旅游管理专业综合能力训练与岗位训练。学生以旅游实习员工身份上岗训练，按旅游企业员工要求参与生产与管理，半工半读，设计旅游管理专业毕业实习作品（设计方案、实习内容等），培养旅游管理岗位适应能力与职业能力。

第三阶段：学生在校外旅游实习基地顶岗实习，由专兼职教师带教，以旅游企业兼职教师为主，培养旅游职业道德与职业素质，提高旅游管理综合应用能力与解决实际问题的能力，并完成旅游管理专业毕业实习作品。

在旅游管理专业的人才培养模式中，秉承以岗位需求为导向、以工作过程（任务）为主线、以能力培养为本位、以真实项目为载体的课程设计理念，对人才培养模式进行有自己专业特色的设计。

（三）"双素养＋双技能＋双证书"的工学结合人才培养模式

旅游管理人才培养方案需凸显外语的特点，突出"外语＋专业＋技能证书"的特色，在课程设置上充分强调能力培养的特点，培养"双素养＋双技能＋双证书"的高端技能型人才。

加强人文素养和职业素养的培养，使学生获得人文知识素养、专业基本素养；加强职业资格考证培训，帮助学生在校期间获得毕业证书和职业资格证书。在旅游企业项目主管指导下，让学生获得专业操作能力、双语沟通能力、管理协调能力等，然后直接进入旅游公司开展顶岗实习，实地培养学生的综合能力，强化学生的职业素养、专业技能、职场竞争能力、职业通用管理能力、创新能力和职业发展潜能。

三、旅游管理专业知识、能力、素质结构构建

（一）明确职业岗位群的知识能力和态度结构

旅游管理专业建设委员会通过对旅游管理专业已确定的对应职业岗位群的职业典型工作任务（过程）进行分析，明确描述专业面向的主要职业岗位及其所要求的职业核心能力，明确旅游企业的岗位专项技能对毕业生应具备的基本素质、知识要求、能力要求、职业态度要求等进行描述，为专业人才培养方案的制订提供科学依据。

（二）明确专业核心课程

专业核心课程是决定专业性质和职业能力的关键课程。旅游管理专业课程设置应围绕高端技能型人才的培养目标，综合考虑学生基本素质、职业能力培养与可持续发展，参照职业岗位任职要求，在课程体系框架中，具体明确专业核心课程。核心课程一般不多于5门，应对其进行具体描述。

（三）明确专业人才培养目标和培养规格

旅游管理专业的人才培养必须紧密对接旅游行业产业，根据旅游行业产业发展对人才培养的要求，制定人才培养目标与培养规格。旅游管理专业人才培养目标应以旅游企业岗位、职业活动需要为主体；旅游管理人才培养规格应体现"双素养＋双技能＋双证书"的要求，即人文素养和职业素养，语言技能和专业技能，毕业证书和职业资格证书。培养目标与培养规格应明确具体，凸显旅游管理专业的培养特色。

（四）形成能力本位特色的专业人才培养模式

在广泛市场调研的基础上，根据旅游管理专业对应职业岗位（群）必备的知识、能力、态度要求，按照"人文素养与职业素养兼备、语言技能与专业技能兼通、学历证书与职业资格证书兼有"的培养要求，旅游管理专业建设委员会经过充分讨论，广泛征求意见，坚持以学校与企业联合培养为基础，制定出能力本位的旅游管理专业人才培养模式。

第三节 能力本位的高校旅游管理专业人才培养构想

一、旅游管理专业人才培养目标与规格

通过广泛的市场调研、访谈和问卷调查可知，旅游管理专业学生就业面向旅行社、旅游景区、博物馆经营管理和接待服务管理等工作。

（一）人才培养目标

旅游管理专业的人才培养目标可定位为：为旅行社、景区培养优秀的导游人员、营销接待人员、计调人员和经营管理人员。具体培养目标可描述为：本专业培养德、智、体、美、劳全面发展，以服务我国社会主义现代化建设为目标，掌握旅游管理的基础知识和基本原理，熟练掌握计算机应用技术，具有较强的数据处理能力，具备较强的应急事件处理能力，熟悉旅游经济和

法律知识的中、低级职位的调研员、信息处理员、旅游线路设计员、导游员、旅行社经营和管理人员等高素质、高技能的旅游管理专业应用型专门人才。

（二）人才培养规格

1.基本规格

具有坚定、正确的政治方向；具备较强的社会责任感；具有良好的社会公德、职业道德和专业基本素质；具有爱岗敬业、艰苦奋斗、勇于创新的集体主义精神；具有解放思想、实事求是的科学态度，社会适应性较强；具有敢于拼搏、建功立业的实干精神；具有较强的法律意识和一定的人文素养、科学精神、创新意识和可持续发展能力；了解体育运动的基本知识，掌握锻炼身体的基本技能，养成自觉锻炼身体的良好习惯，具有健康的体魄和良好的心理素质。

2.业务规格

系统掌握旅游管理基本理论和基础知识；了解旅游发展动向；了解并掌握旅游企业各部门的主要业务和经营管理过程；具有独立完成旅行社各部门管理工作和实践操作的能力；熟悉旅游业务操作；掌握旅游经济和法律知识、计算机操作技术；具有较强的沟通能力、公关能力、团队精神以及创新和决策能力、再学习能力等；具有英语应用能力，熟练掌握旅游英语会话技巧，具备为客人提供英语会话服务的能力；具有较强的旅游管理专业知识和综合素养；获得导游资格证、旅游咨询师、旅游经济师、旅游策划师等相应的职业资格证书和技术等级证书，并达到相应的技能水平。

（三）职业岗位群

旅游管理专业面向旅游产业中的旅游服务行业，将职业目标定位于旅游服务的流程和环节，每一环节均与相应的岗位群对应，本专业的职业目标定位于岗位群的中低级职位，要求具有业务、计调、导游服务各岗位的专业技能及技术应用能力。

1.旅游接待中的中低级职位

包括旅游市场调研员、业务员、旅游接待人员等。

2.旅游组织协调中的中低级职位

包括旅游计调人员、旅游公关人员、旅游系统监理员等。

3.旅游服务中的中低级人员

包括定点导游讲解员、地方陪同人员等。

4.旅游经营管理中的中高级职位

包括旅行社经理、旅游景区管理人员等。

二、旅游管理专业人才培养职业能力分析

（一）职业岗位描述

在调查行业企业、分析毕业生反馈信息的基础上，确定了旅游管理专业的典型工作岗位及相应的素质、能力要求，如表4-2所示。

表4-2 专业面向的岗位及职业岗位能力

岗位名称	岗位描述	素质与能力要求
旅游接待	市场考察、发掘及选择顾客，拟定访问计划并按期实施；演示产品，制订报价单，编写技术方案及合同草案文本并与客户方确认；与客户方联络、协调；管理客户信息资料并负责对客户的信用评定；经销商及分销商管理	具有旅游基础知识；具有职业英语能力；具有计算机基本应用能力；具有商务谈判与沟通能力；具有良好的语言表达能力和快速应变能力；具有资料收集与整理的能力、文字处理能力；具有敬业爱岗、团结协作精神；具有灵活运用基础知识的能力

续表

岗位名称	岗位描述	素质与能力要求
旅游计调	根据需求设计旅游线路；维护和监控旅游行程，保证其正常运行；对系统数据进行备份，对旅游数据进行汇总分析	熟悉旅游计划书的格式、写作标准；掌握客户电话接听、旅行行程预定；熟练掌握旅游接待计划确认；具备较强的动手能力和学习能力，善于分析、思考问题；熟悉客户档案整理、客户团款催收；熟悉产品价格确定、旅游票务管理；工作主动性强、耐心、细致，有责任心和压力承受力，具备快速反应能力
导游服务	根据旅游计划书落实接待计划，进行景点讲解介绍，安排交通食宿、购物娱乐，处理突发事件，协调旅游行程	具备导游基础知识；具有职业英语能力；具有良好的口头表达和描述能力；具有良好的语言表达能力和快速应变能力；具有灵活处理突发事件的能力；具有较强的组织协调能力、与人沟通能力，有较好的时间观念及责任心；具有敬业爱岗、团结协作精神
旅游管理人员	拟定旅行社发展纲要，企划旅行社重大决策，全面协调处理旅行社日常事务	具有全面的旅游综合知识；具有较强的职业英语能力；具有较强的决策能力；具有良好的财务决策能力；具有灵活处理突发事件的能力；具有较强的社会责任感和企业价值；具有敬业爱岗、团结协作精神

（二）典型工作任务及其工作过程

典型工作任务及其工作过程如表 4-3 所示。

表 4-3 典型工作任务及其工作过程

序号	典型工作任务	工作过程
1	旅游线路设计	与客户沟通，进行需求分析； 进行旅游线路设计可行性分析； 设计初步的旅游线路图； 确定项目进度计划； 确定设计方案
2	旅游接待	旅游产品推荐； 旅游合同签订； 旅游费用收取
3	旅游计调	需求分析； 安排旅游团队的用车； 安排住宿、吃饭、门票、司机导游； 成本核算； 同行间相互交接
4	导游服务	出团准备； 接团； 车上工作； 景区导游工作； 食宿安排工作； 回程工作； 事后安排工作；
5	旅行社经营管理	旅游市场调研； 旅游产品开发； 旅游产品销售； 旅行社日常事务管理； 旅行社人力资源管理； 旅行社财务管理； 旅游事故处理； 定期回访客人

（三）旅游管理专业毕业资格与要求

1.课程考核要求

在规定年限内修完规定的必修课程，考试考核成绩合格。分学期修完必修课、实践教学课、专业平台课、专业基础课等，完成顶岗实习、毕业设计（论文）。

2.英语、计算机、普通话能力要求

对英语、计算机、普通话能力的要求：

英语能力：取得高等学校英语应用能力考试 A 级证书。

计算机能力：获得计算机应用能力考试合格证书。

普通话能力：获得普通话水平测试二级乙等以上证书。

三、"能力本位、双证融通"的旅游管理专业模块化课程体系

（一）"能力本位、双证融通"课程体系构建思路

旅游管理专业建设委员会通过对典型职业工作任务（过程）进行调研与分析，确定系列能力培养的工学模块，分析能力培养模块，确定课程体系，构建基于工作任务（过程）的工学结合能力培养模块化课程体系，形成"能力本位、双证融通"的课程体系。

旅游管理专业课程设置应引入旅游行业企业技术标准或规范，体现旅游职业岗位（群）的任职要求，紧贴旅游行业或产业领域的最新发展变化。对接旅游行业或企业的职业能力要求确定人才培养规格，对接具体工作岗位确定课程模块。构建"能力本位、双证融通"的模块化课程体系，开发基于旅游岗位工作过程课程，按职业工作过程选择旅游管理专业课程内容，编写教

材或讲义,分工作过程实施知识、技能、态度的教学,实现教学工作与职业工作相一致。

(二)"能力本位、双证融通"的模块化课程

1.职业基本素质模块

由人文素质模块、专业(群)基本素质模块组成,此模块在实施教学时,根据工学项目模块理实一体教学要求,分阶段、分项目融入相关能力培养课程之中。

2.双证融通职业能力培养模块

由导游业务工学模块、旅行社管理工学模块、综合项目实训模块和职业能力拓展模块组成。

3.职业定位顶岗实习模块

由职业定位专项实训模块和顶岗实习就业模块组成。

(三)职业能力培养模块化课程体系构成表

旅游管理专业"能力本位、双证融通"模块化课程体系由3个一级模块课程、8个二级模块课程和33个项目(科目)课程构成,如表4-4所示。

表4-4 旅游管理专业"能力本位、双证融通"模块化课程体系构成表

一级模块	二级模块	项目(科目)课程
职业基本素质模块	人文素质模块	思想品德修养与法律基础、形势与政策、基础英语、应用文写作、计算机应用基础、大学体育、入学军训教育、大学生心理健康
	专业(群)基本素质模块	普通话、旅游文化、旅游学概论、中国旅游地理
双证融通职业能力培养模块	导游业务工学模块	导游业务、旅游法规、导游基础、模拟导游、导游英语、旅行社经营与管理、导游语文

续表

一级模块	二级模块	项目（科目）课程
双证融通职业能力培养模块	旅行社管理工学模块	旅游心理学、旅游财务管理、旅游市场营销、旅游人力资源管理、主要客源国概况、饭店管理概论、旅游公共关系学
	综合项目实训模块	导游服务实训、旅行社管理实训
	职业能力拓展模块	职业能力拓展（公共和专业素质选修）
职业定位顶岗实习模块	职业定位专项实训模块	职业生涯规划专题讲座、就业指导专题讲座、顶岗实习、毕业设计（论文）及答辩
	顶岗实习就业模块	

四、旅游管理专业教学团队设想

（一）建设思路

以旅游管理专业教学团队建设为基础，建立校企共培共管的师资队伍建设机制，形成教学能力与应用技术服务能力、应用技术研发能力兼备的"双师素质"专业教学团队。一方面，强化内部培养，提升旅游管理专业师资队伍质量；另一方面，从旅游企业引进高学历、高职称、高技能人才，打造一支以"双师素质"和"双师结构"为核心的优秀专业教学团队。建立一个由教学和教改专家、企业专家、工程一线技术人员、课程教学和管理骨干组成的以开发旅游管理专业职业核心课程和专业群课程为主要任务的课程建设团队。

（二）建设内容

一是专任教师队伍建设。以精品课程为重点，通过外引、内培、校企合作等途径，增加教师数量，改善教师队伍的学历结构、职称结构、"双师"结构、层级结构。

二是专业带头人和骨干教师队伍建设。通过"选苗子、压担子、引路子、架梯子、搭台子、树牌子"等办法，培养一批专业带头人和骨干教师；有计划、有步骤、有目标地选派中、青年教师参观、学习、培训，参加学术研讨，扩展视野，提高能力。

三是"双师"教师队伍建设。安排专业教师每年到企业顶岗锻炼，或参与企业产学研活动，获得职业资格证书。同时，聘请一批旅游企业员工作为学校的兼任教师。通过校企合作，建立一支理论基础扎实、有较强实践应用能力、数量充足的"双师"结构教师队伍。

四是兼职教师队伍建设。建立兼职教师师资库，重点引进旅游企业一线工作人员和中高层的管理人员来学校兼职，适当提高兼职教师比例。

五、旅游管理专业教学方法设想

（一）建设思路

坚持"教、学、做合一"的原则，以工学结合为核心，以学生为主体，以能力培养为主线，以旅游项目为载体，以工作任务为驱动，在旅游实训室完成相应旅游教学任务。教师引导学生"做中学、学中做"，帮助学生由浅至深、由易到难、循序渐进地完成一系列旅游管理方面学习任务，获得相应的知识、能力、素质，实现向职业人的转变。

根据基于旅游管理工作过程的"能力本位、双证融通"的模块化课程体系架构，面向旅游管理专业职业岗位和职业工作过程，以职业工作案例或真实的工作任务设计教学内容，运用情境教学法、案例教学法、现场教学法、项目教学法等多种教学方法，活跃教学氛围，引导学生以项目为中心，独立思考，寻求完成任务的方法，增强师生互动，突出职业能力培养，实现教学效果与教学质量的最优化。

（二）建设内容

1.项目教学

依据旅游管理专业面向的职业岗位和岗位工作过程、专业特点及教学规律，将教学任务分解为若干个与职业工作任务相对接的教学项目，师生通过共同实施教学项目，达到理论与实践相结合，激发学生根据项目需要而学习的积极性，变被动地接受知识为主动地寻求知识，实现教学效果与教学质量最优化。

2.现场教学

将学生从单一的课堂中解放出来，带到旅游企业，带到社会实践现场，理论教学与现场教学相结合，使学生将理论知识变成实践经验，更好地掌握旅游管理专业知识，提高运用知识解决实际问题的能力，提高就业的竞争力，为学生参加工作打下坚实的基础。

3.教、学、做合一

在教学过程中，融"教、学、做"为一体，提高学生的技术应用能力。按照"理实一体、项目导向、任务驱动"的情境化教学要求，着力建设工学结合、理实一体的旅游实训室，引入旅游企业典型工作任务，营造真实或仿真的职业岗位化教学环境，让学生充分体验职业岗位氛围。

4.现代化教学手段

启动数字化校园建设工程；注重现代化教学手段的应用，采用多媒体课件、模拟仿真软件等多种形式，使学生接受立体的、直观的教学；通过模拟仿真等手段，培养学生的实践能力与创新精神。

六、旅游管理专业实践教学体系设想

（一）建设思路

实践教学体系是人才培养中的重要环节。按照旅游管理专业培养目标及其知识、技能、结构，强化实践教学机制建设。旅游管理专业实践教学，分为职业认识、专业素质和专业能力训练、毕业实践等三个阶段。

（二）建设内容

1.实践教学体系

校企专家共同组成专业实践教学体系指导小组，共同参与实践教学过程，根据旅游管理专业职业工作的实际需求设计实践教学的结构和层次，确定课程标准中实践教学的内容、方法及要求，编制专业实训大纲以及实践教学指导书，明确实践教学的实施方案，对教学内容、教学要求、教学时间、教学场地、指导教师进行统一布置，逐步形成由基础性实训、综合性实训、生产（认识）实习、课程实习、社会实践、毕业设计（论文或实习报告）等组成的实践教学体系。

2.实训教学资料

在分析旅游管理专业职业工作标准、内容、过程及知识、技能、素质要求的基础上，大力进行课程改革，构建课程，特别是实训课程的教学标准、教学内容和教学过程，编制专业实训大纲和实训指导书。

3.实训基地

高度重视旅游管理专业实习实训基地的建设，高起点、高标准、高质量地建成旅游管理专业实训基地体系。

4.实训指导教师队伍

为满足旅游管理专业实训教学需要，保证实训教学质量，需加强实训指导教师队伍建设，配备专任实训指导教师，建立实训指导教师资源库，根据实践教学的需要，聘请旅游企业的员工担任实训指导教师，保证每个实训项目的指导教师满足教学需要。

5.实习实训教材建设

针对旅游职业、职业岗位、职业工作过程的"能力本位、双证融通"的模块化课程体系，开发基于旅游行业工作过程的实训教材。

七、旅游管理专业人才培养考核体系设想

（一）建设思路

坚持校内评价和企业评价相结合的原则，健全质量管理目标、质量管理计划、质量管理标准、质量监控措施；建立起体制机制保障、教学条件管理、教学团队保障、质量反馈系统等立体化人才培养保障体系。

健全教学计划管理、教学组织管理、教学运行管理等制度，建立学校、政府、社会（包括企事业单位、媒体、学生家长等）全方位、立体化的教学质量监控和评价体系。

（二）建设内容

1.教学质量监控体系建设

（1）教学运行管理

旅游管理专业教学运行管理包括对师生、管理队伍和教学环节的管理。教学工作是由一个个教学环节组成的，因此除了明确规定教师、学生、各级管理

人员的行为准则和工作规范，还必须制定实施每个教学环节的规章制度。在课堂教学、调（停）课、实验室和各类实习实训、课程考核、评卷和试卷复查及试卷保存等方面建立一系列教学管理规章制度，以保证教学的正常运行。

（2）课程实训管理

校企合作，创新旅游管理专业实习实训模式，完善校内实习实训条件建设，建立一系列科学合理的实习实训保障机制、课程实训标准、实施流程、实训评价体系和实训管理制度，制定学生实习实训考核手册，开展校外实训基地建设研究和管理，建设"共建、共管、共享"，融教学、培训、职业技能鉴定和技术推广研发为一体的校内外实习实训平台，确保达到学生实习实训预期效果。

（3）顶岗实习管理

明确学校、实习单位、校内指导教师、实习单位指导教师各自的管理职责，制定管理工作规范，健全学生顶岗实习管理机制，完善顶岗实习的组织管理制度、运行管理制度、考核鉴定制度。加强对顶岗实习学生的管理，注重对学生职业道德和职业素质的培养，实施全程跟踪监控，确保顶岗实习安全，达到实习效果，实现"生产育人"的目标。

（4）学生学习管理

加强专职辅导员队伍建设，深入开展政治思想工作，培养学生树立正确的世界观、人生观、价值观；设立学生政治素质、身心素质、就业观念、职业素质目标体系，实施目标管理，指导学生分期制订个人职业生涯规划，树立正确的择业观、就业观；大力开展素质教育，加强社会实践，培养学生的社会适应性，提高学生的学习能力、实践能力、创造能力、就业能力和创业能力；通过日常管理和养成教育，培养学生良好的职业道德、诚信品质、敬业精神、责任意识，提高学生就业竞争力，促进学生职业发展。

（5）教师教学管理

严格教师的备课、作业、听课、上课、检测环节，组织教师进行学科常规细则的学习，努力探索与完善教学常规，确保教学质量不断提高。力争做到教务处、教学团队层层把好常规落实关，切实发挥教学常规对提高教学质量的保障作用。

2.教学质量评价体系建设

（1）教学设计评价

教学指导思想明确，教师要以学生为中心，按照学生的学习情况来设计和组织教师的教学。课堂教学结构清晰，重点突出，对课程基本内容、教学目标、授课对象分析、教材的选择与分析、课程讲授、作业设计以及考试方法设计都有明确的说明。教学目标明确，能满足教学大纲的要求，适合学生的能力与个别差异。分析教学对象，了解学习者的特征，为下阶段教学决策提供依据。一般包括对学生的认知成熟度、性别、动机水平、焦虑水平和学习风格等方面的分析。

对教材进行分析：教材的选择具有针对性，适合授课对象，选择适当的教材和教学参考书，分析教材及参考书的特点。教学手段：选择适当的教学媒体，分析有哪些教学媒体可以使用以及每种教学媒体的教学特性是什么。作业设计：以职业能力、技能培养和创新思考为核心，科学设计课程作业，形成系列成果。考试设计：重视平时作业、课堂讨论、课程论文（设计）、大作业、实验、期末考试等环节的成绩，同时也重视学生的创新精神与实践能力。教学策略：考虑教学传递策略、教学组织策略以及教学管理策略的具体运用。

（2）教学过程评价

课堂教学评价应结合自身实际，学校成立课堂教学评价领导小组，开展"三课一评"活动，即对检查性听课、竞赛课、表演课、创新评优课进行量化打分，评价过程中做到听课、评课、导课相结合。分项评价和综合评价相结合，考评与活动相结合，平时表现与期末评价相结合，课内与课外相结合，保障评价的真实性。对教师的评价主要针对教师的职业道德、专业素质、备课作业批改以及教学行为。

（3）教学实施评价

期初检查的重点是教学安排是否合理，教师、学生上课情况、教学条件、教学设施准备情况等。期中检查要全面了解教学运行情况，检查专业教学计划和教学大纲的执行情况，各类课程的教学内容和教学进度，学生的学习风气等。期末检查的重点是考试管理、考场的安排、教师是否履行监考职责、学生遵守考试纪律的情况。

（4）教学效果评价

教师教学效果由学生、专家和同行共同给予评价。其主要对教师的教学态度、教学基本功、教学内容、教学方法与手段、学生能力培养、师生互动、教书育人和课堂纪律的控制、知识传授的深度、作业布置、教学效果整体感受等十个方面进行评价，有利于完善学校教学质量监控体系，改进教学工作，提高教学质量。

3.教学质量管理综合信息收集与处理系统建设

（1）信息系统组成

教学质量管理信息主要由学生信息、教师信息、教学信息、管理信息四个大方面组成。信息由学院负责收集，职能部门整理分析，并形成反馈。

（2）信息收集方式

以数字化校园建设平台为基础，通过职教新干线、校园网、督导等多种方式，收集各类信息。

（3）信息分析处理

教务、学工、督导负责整理与分析，从教学计划制订、执行，课堂教学实施，教学与学生日常管理等方面分析处理，为教学质量反馈提供直接的数据与分析基础。

4.教学质量管理综合信息反馈系统建设

（1）信息系统构成

建立学生教学信息员反馈制度、学生评教制度以及党委委员联系院（系）级制度、领导干部听课制度、学生信息反馈制度、督导组听课制度、学生评教制度、教务处工作例会制度等，构建教学质量管理综合信息反馈系统。

（2）系统运作流程

教学信息是教学管理和质量监控的保证，是决策机构实施调控的重要依据。全面管理要求以事实为依据，定期收集有关教学过程和效果方面的信息，根据提供的信息发现可能存在的问题，对教学进行调节，促使教学沿着计划的方向进行，以达到管理和控制的目的。

采用教学督导室、教务处、学生多方结合，对教学质量信息进行及时反馈，建立信息快速反馈机制和不断持续改进机制，以保证教学质量的过程控制和适时改进。

八、旅游管理专业教学管理要求

（一）专业师资配备要求

旅游管理专业师资配备的建议比例如下：

生师比：16∶1。

专兼职教师比：1∶1。

专任教师职称比例（高级/中级/初级）：30%/50%/20%。

双师资格：专业专任教师中获得旅游经济师等中级以上资格证书者达到80%以上。

学历要求：所有教师均有本科以上学历，硕士以上比例达到40%以上。

1.专业带头人要求

专业带头人将引领旅游管理专业建设的发展方向，主持教学计划、教学大纲的修订、审定与实施，负责本专业及专业群教学改革和实践技能培养方案的制订与实施。旅游管理专业需配置专业带头人，其基本要求如下：

①具有较高的专业学术水平，熟悉旅游管理领域的最新研究成果和职业发展动态，准确把握旅游管理专业的发展方向。②具有较高的职业教育教学规律认识水平，熟悉基于工作过程、项目导向等的课程开发流程与开发方法，具有丰富的教学经验。③具有较强的课程开发、教学改革和科研能力，能够根据职业发展的需求及时调整人才培养方案和专业课程体系。④具有较强的组织协调能力，能够带领专业教学团队进行教育教学改革。⑤具有1年以上的旅游行业企业的实践工作经历，具有高级考评员、中级导游以上资格。⑥具备指导青年骨干教师的能力。

2.专任教师要求

旅游管理专业专任教师的基本要求如下：

①具有旅游线路设计、维护、管理岗位专业方向、信息分析处理方向、旅游计调、导游、旅游营销、旅游规划开发、旅游景区管理、旅行社经营管理等其中一项专业特长。②具有良好的职业道德，能为人师表、教书育人。③具有课程整体设计能力和项目驱动或任务引领教学方法应用能力。④具有驾驭课堂的能力，能够有效地开展理论教学和实践教学。⑤具有1年以上的旅游行业企业的实践工作经历，具有能迅速了解最新行业动态的能力，能够正确处理实践教学中出现的问题。⑥具备职业技能鉴定考评员或高级考评员资格，或获得导游资格证等资格证书。

3.兼职教师要求

旅游管理专业需聘有校外兼职教师与行业专家。兼职教师要求导游经验丰富，来源与数量稳定。行业专家要求具有高级职称资格、本科或以上学历，担任公司技术骨干或重要职位。兼职教师的要求如下：

①在旅游业相关企业生产一线从事技术工作5年以上。②经过职业教育培训，能承担起本专业实践教学任务。③在企事业单位取得中级以上职称的导游、旅游经济师等。

（二）实践教学条件配置要求

1.校内实训室配置要求

为了更好地培养学生在旅游岗位的工作能力，按照实用性、仿真性、先进性、开放性、共享性的建设目标，需要建设具备多类网络架构的真实环境，集教学、培训、技能鉴定、工学结合、顶岗实习、应用科研等多种功能于一体的旅游管理综合实训室，并配备内容广泛的各种应用软件和设备，以满足实践教学的需要。

2.校外实习基地的基本条件与要求

校外实习基地的基本条件与要求如表4-5所示。

表4-5 校外实习基地的基本条件与要求

序号	实习基地名称	基本条件与要求	实习内容
1	政府部门	能获得旅游信息化建设项目，专业技术人员能担任实习指导	旅游公关、系统维护
2	旅行社	拥有旅游营销网络，拥有特色产品，需要进行营销推广、行程安排、旅游计划落实或导游服务，专业技术人员能担任实习指导	旅游营销、旅游计调、导游
3	旅游景区	中、大型旅游企业，开展旅游线路设计优化、导游服务、购物向导等业务，专业技术人员能担任实习指导	旅游线路设计、导游服务
4	会展单位	提供临时性会展旅游服务，专业技术人员能承担实习指导	会展旅游向导、导游服务

（三）教学资源库配置与要求

专业教师、行业专家合作，建成包含教学资源库（教学课件、案例库、电子教材、电子教案、授课计划、课程整体设计录像、课程标准）、学习资源库（教学录像、习题库、实习实训项目、学习指南、电子图书）、多媒体素材库（图片素材、音视频素材）、考试资源库（试题库、职业技能鉴定项目）等四个库的立体性教学资源库，为教师和学生服务。学生可通过各种形式进行自主学习，拓宽知识领域，提高学习效率；教师可加强自身学习，提高教学能力；学校其他相关或相近专业、校外相关或相近专业可通过多种方式共享本专业的教学资源。

第五章 基于校企联盟的旅游管理专业人才培养模式

第一节 校企联盟旅游人才培养模式

一、校企联盟

（一）校企战略联盟概述

1.战略联盟的理论基础

（1）资源基础理论

沃纳·菲尔特（Werner Felt）提出了企业资源基础理论，该理论将企业当作各种资源的拥有者与集合体，在此基础上阐释企业发展的优势所在，企业因拥有各种资源而获得相应的竞争优势，不同企业拥有各异的资源，企业资源的异质性导致了企业竞争力的差异。

资源基础理论认为至少有三大因素阻碍了企业资源之间的互相模仿。一是因果关系含糊。企业所处的环境是复杂多变的，资源的获取与保持都是非常复杂的过程，因此与资源相关的活动是因果含糊的，企业无法找到一条具体的路径来获取某一明确的资源。二是路径依赖性。企业所拥有的某项资源，可能在当下不被市场认可或者其价值没有被发掘，市场上的其他企业对这种资源不以为意，没有企业会去寻求这种资源，但是在某个时间点，这种资源的价值展露，成为企业希望拥有的资源，但由于各项因素的变化，其他企业很难再获得那种资源或优势。三是模仿成本。企业的模仿行为存在时间和资金成本，如果企业的模仿行为需要花费较长的时间才能达到预期的目标，那么在这段时间内完全可能因为环境的变化而使优势资源丧失价值，使企业的模仿行为毫无意义。

资源基础理论是企业发展的重要理论之一，其对企业的发展具有一定的指导意义，它指出企业要想获得长远的竞争优势，就必须去获取自身发展所需要的优质资源。资源基础理论将知识与能力看作企业发展的重要资源，而学习则是获取这类资源的最佳途径。企业的经营不是封闭的，不是单打独斗，其需要不断地向外探索，从外界吸收资源、学习知识、培养能力，对企业中的员工所拥有的知识与能力要进行整合，以实现知识能力应用效果最大化。因此，企业对知识的相关活动进行管理，有利于企业获得竞争所需要的资源。对于处于弱势地位的企业而言，单凭自己的力量去发展或者说去获取其所需的资源，是一件花费高、难度大、效果差的事情。而这正是战略联盟的意义所在，通过联盟的关系来学习其他成员的知识，共享其他成员的资源，与此同时联盟内不同组织的员工在一起交流，有利于激发其活力与创造力，这样就能更好地培育与发展资源。

（2）能力理论

能力理论认为能力是企业有效使用资源，并使其相互作用，从而产生新的能力与资源，其本质是组织在某一方面的知识，是确定资源组合的生产力，以下简要介绍其中的核心能力理论和动态能力理论。

①核心能力理论

短期而言，企业产品的质量和性能决定了企业的竞争力，但长期而言，起决定作用的是企业的核心能力。核心能力理论认为企业本质上是一个能力的集合体，企业拥有的核心能力是企业长期竞争优势的源泉，积累、保持和运用核心能力是企业的长期根本性战略，也是企业获得竞争优势的法宝，所以企业要选择核心能力、构造核心能力、配置核心能力和保护核心能力。

②动态能力理论

动态能力理论是指持续地建立、调试、重组其内外部的资源来达到竞争的一种弹性能力，它诠释了企业是如何创造价值的。动态能力理论具有三项特征，这三项特征是动态能力对于企业发展重要性的关键体现。一是动态能力具有开拓性。动态能力是企业能力中最具有能动性的能力，其对于企业的创新与发展至关重要，它体现着一种与时俱进的态度以及开拓进取的精神，企业的日常活动大部分是对外的，这正是动态能力与企业的契合之处。二是动态能力具有开放性。动态能力对于外界信息具有高度的敏锐性，因此动态能力强调的是企业对外的一种探索，其旨在将企业原有的内部能力与外部能力整合，形成企业发展所需的新能力。三是动态能力是复杂的而且难以模仿。在动态的环境下培养的动态能力，是难以归纳总结其产生原因及产生过程的。

（3）社会网络理论

社会网络由巴里·威尔曼（Barry Wellman）提出，是由某些个体间的社会关系构成的相对稳定的系统。组织之间构建战略联盟就是对社会网络的延伸与发展。

"联结强度"是社会网络理论的主要观点之一，马克·格兰诺维特（Mark Granovetter）首次提出联结强度的概念，他从互动频率、感情力量、亲密程度以及互惠交换四个维度将联结分为强联结和弱联结。强联结产生于相似或相近的组织之间，弱联结则相反，产生于差异较大的组织之间。在强联结中，由于组织的相似性和相关性，其掌握的资源、能力以及其思想内涵也大多相近，强联结会导致资源与能力的重叠，因此在强联结下容易产生低效的关系；而弱联结下的组织跨越性大、差异性大，其构成的关系与合作容易带来新的资源与灵感，从而产生合作的效益。

"社会资本"也是社会网络理论的重要组成部分，社会资本指个人或组织拥有的社会性资源或者资本财产，它们存在于社会各组织与社会关系网中。个人与外界构建的联系越多，参与的组织越多，个人的社会网络规模越大，其所能拥有的社会资本就越丰富，由此其获得资源的能力也会越强，其竞争力也会越强。

基于联结的强度与社会资本的相关内容，战略联盟是不同组织间的联盟，联盟比单独的组织社会资本更雄厚、更丰富，在整体的环境中，由联盟构成的社会网络与单独的组织相比，其摄取社会资源的能力越强，就越具有竞争力。战略联盟是社会网络的一种表现，是组织主动地寻求合作的行为，目的在于追求共同的经济利益和发展目标。产业网络连接会因为成员彼此的战略考虑而随时调整产业网络结构，使各成员获取所需的战略优势。这种观点与战略联盟形成的动机近似，实际上是社会网络理论呈现的形态。

2.战略联盟的理论应用

（1）战略联盟理论

战略联盟的概念最早由美国 DEC 公司总裁简·霍普兰德（Jane Hopland）和管理学家罗杰·奈格尔（Roger Nagel）提出。战略联盟超越了正常市场交易但又未达到合并程度。战略联盟是企业在保持自身独立性的同时，为追求共同的战略目标而走到一起合作创造更大价值的特殊关系。战略联盟是两个或两个以上的伙伴企业为实现资源共享、优势互补等战略目标，而进行的以承诺和信任为特征的合作活动。战略联盟是由较强的、在业务上具有竞争关系的公司组成的企业或伙伴关系，是一种竞争性联盟。

依据上述战略联盟的相关概念，可以看出战略联盟成员有三个特征：一是战略联盟是两个或两个以上的组织基于自身的发展目标而进行的战略性活动，联盟成员之间在战略愿景上具有相对一致性；二是战略联盟是寻求资源互补共享的合作形式，联盟成员之间在资源与能力上要具备一定的互补性；

三是战略联盟是提升单个组织竞争力的有效途径,联盟成员之间是相互促进、相辅相成的。

（2）战略联盟理论应用的可行性与适应性

战略联盟理论最早产生于企业管理之中,是研究企业战略联盟的理论工具,下面将其迁移到高等院校与企业的联盟之上,并从可行性与适应性的角度来说明相关理论在校企战略联盟上的应用。

①可行性分析

高等院校与企业在某些层面是相似或相近的,如高等院校与企业所处的基础环境相似、竞争力要素相通、社会需求角色相似、社会生产环节相近,由此,运用于企业管理上的战略联盟理论亦可迁移引用至高等院校与企业的合作上。

其一,基础环境相似。随着我国进入新的发展阶段,国家对产业和教育都提出了新的更高的要求。高等院校与企业都处在历史发展的新时期,国家的建设与繁荣为二者的发展创造了一个更具机遇与挑战的环境。在相关政策的引导与大环境的推动下,产业与教育都面临着创新升级,因此双方都在寻求发展的契机,而组成联盟是双方实现发展的有效途径之一。

其二,竞争力要素相通。资源与生产要素是一个社会组织存在与发展必备的条件。在产业与教育的领域,企业是产业主要的组织形式,学校是教育的基本组织形式。企业与学校都离不开资金、技术、人力、设备设施等生产要素,其生存与发展需要的生产要素是相通的。

其三,社会需求角色相似。从宏观角度来说,教育与产业是社会的供给方,二者都为"社会中的人"提供生存与发展所需的物品与服务。在拥有众多供给方的环境下,学校与企业都需要吸引更多更优质生产要素投入,产出更具竞争力的"产品"。

其四,社会生产环节相近。产业与教育是一个国家运行的重要环节,也是社会生产上息息相关的两个环节,二者有着千丝万缕的联系。教育为产业提供人力资源，产业为教育的发展提供社会经济支持，二者紧密连接，相辅相成。

②适应性分析

战略联盟理论是对合作关系的一种阐述，校企战略联盟是校企合作的一种形式，战略联盟理论契合于校企合作的发展思路。高等教育的范围扩大与质量提升是时代发展的必然，是国家发展战略与个人价值诉求的双重体现。在这个发展的关键时期，高等院校需要借助外界的力量来完成这一转型升级。战略联盟理论原是应用于企业之间合作与联盟的理论，在高等教育就业导向、服务导向的偏向下，高等院校选择与企业组成战略联盟是其突破发展瓶颈、实现转型升级的良好途径之一。

（3）校企战略联盟形成的机理

资源基础理论、能力理论以及社会网络理论是校企战略联盟形成的机理所在，这三项理论都是从企业的发展与竞争中产生的，在此迁移引用到校企战略联盟中，来阐述校企战略联盟形成的机理。

①基于资源基础理论的机理

高等院校与企业作为两种不同的组织，各自拥有其特殊的资源，并且这些资源在某种程度上难以模仿，是双方竞争优势的重要来源。资源基础理论提出要通过各种途径与方法来增加资源的总量、提升资源的价值。时代发展表明知识技术与人力资源越来越成为现代社会竞争的关键资源，企业通过自身的能力来获取这些资源则需要投入大量的成本，而校企战略联盟就是企业培育、获取特殊资源的有效途径之一。同时高等院校的发展也面临着"资源困境"，校企战略联盟有利于其获取更丰富的资源，打破资源束缚，促进更多的企业资源流入教育领域，使得教育发展紧贴产业需求。

②基于能力理论的机理

能力理论认为只有珍贵、异质、不可模仿、难以替代的资源和能力才构成核心竞争力，企业应逐步整合和改进现有的资源和能力，使其满足上述特征以提升整体竞争优势。校企战略联盟就是高等院校与企业在进行资源的整合与管理，就是在动态、复杂的环境中通过合作、联盟等形式获得珍贵资源、提升能力，以形成高等院校与企业的持续竞争力。

③基于社会网络理论的机理

高等院校与企业作为社会中的两种组织结构，其社会定位、组织结构以及资源能力等方面存在较大差异。依据社会网络理论对高等院校与企业的关系进行分析，从联结的强度而言，高等院校与企业之间的关系是典型的"弱关系"，因为高等院校与企业是社会经济特征完全不一致的两种组织。马克·格兰诺维特的理论认为"弱关系"中的资源信息交流才是有意义、有效率的交流，因此由高等院校与企业组成的校企战略联盟是基于"弱关系"意义的交流。在社会资本理论的层面，校企战略联盟比单独的学校或企业资本更雄厚、更丰富，相比之下联盟中的学校与企业能更好地获得社会资源，拥有更强大的竞争力，这有利于高等院校与企业在各自的竞争领域中处于领先地位。

3.校企战略联盟的内涵界定

（1）校企战略联盟的定义

校企战略联盟中的"校"指的是高等院校；"企"指的是产业中的企业组织；"联盟"是指两个或两个以上独立组织，在不失去其独立性的前提下，为提升其竞争优势而建立的合作关系。校企战略联盟是在国家大力发展高等教育的背景下，高等院校为了完成其培养高质量技术技能型人才的使命，满足社会产业需求，通过联盟的方式与企业建立的一种关系亲密又各自独立的联合体，高等院校和企业因此形成资源共享、风险共担、成果共得的长期合作伙伴关系，以此促进高等院校与企业的良性互动。

（2）校企战略联盟的定位

①校企战略联盟的价值定位

校企战略联盟是高等院校与企业合作的"实体化"结果。校企双方的合作是由松散型向紧密型逐渐过渡的，高等教育的"象牙塔"受到市场的冲击，必然会走出去寻求多样化的资源与能力，而企业在政府的倡导以及资助下，面对优化后的职教环境，必将对职教市场跃跃欲试，以图在企业价值链上利用高等教育的资源与优势，实现其价值的增加。校企战略联盟是校企双方"走出去和引进来"的变革结果，是校企双方合作愈加紧密的结果，是职教市场活跃化的结果。

②校企战略联盟功能定位

校企战略联盟的功能定位在于解决高等院校发展的以下四个问题：

一是高等院校在发展中资源不足的问题。在高等院校拥有的资源数量有限、来源有限的情况下，如何拓宽并加深高等院校"资源池"，以突破其发展瓶颈，实现质的飞跃。

二是教育与产业在人才的供需上存在不平衡的问题。政府及高等院校无法充分实现人力资源的有效配置，企业的需求方向与高等院校的发展思路错配，学校和企业在双方的领域边界出现"相背离"的态势。

三是人才培养问题。企业聘用一般技能型人才优先考虑的因素是：工作态度、岗位技能和职业道德。高等院校的人才培养应立足于企业需求与个人需求，从技术技能、综合素质、职业情感三方面入手，培养社会建设需要的人才。

四是高等教育要大力凸显职教特色，完成职教使命，使社会大众对高等教育的认知更进一步、更深一层。

（3）校企战略联盟与校企合作、产教融合的联系及区别

校企战略联盟与校企合作、产教融合之间存在一定的联系。

一是三者要解决的问题相似，其目标指向相同。校企合作、产教融合及校企战略联盟都是为了解决脱离产业、跟不上产业升级步伐的问题。三者的目标指向都是推动高等教育高质量发展，促进教育链、产业链、人才链及创新链的

有机结合，实现高等院校的教育目标，从而进一步推动整个社会的进步。

二是三者都是建立在多方合作共赢的基础之上。高等教育从宏观上看，是维护社会稳定、保障人民生活的途径之一，是我国教育领域不可缺少的一环。校企合作、产教融合及校企战略联盟都是建立在高等院校、企业、社会及社会中的人共同发展进步的基础之上的，而非动用一方的资源去弥补另一方的缺失。三者是围绕合作共赢而建立的多方关系，只有建立在共赢的基础上，这座"大厦"才不会倾倒。

校企战略联盟与校企合作、产教融合之间也有所区别。

一是产生的时段不同，其内涵侧重有所区别。我国校企合作产生于20世纪20年代，当时为了满足工业发展的需求，企业工厂等生产组织自然地与高等院校产生了合作与"共鸣"。从产生的时间段来看，校企合作早于产教融合，近代工业的发展催生了校企合作，但随着产业升级与技术进步的规范化发展，社会对高等院校提出了更高的要求，简单的校企合作无法满足社会对高等教育的需求，由此催生了范围更广、合作程度更深的产教融合，这可以说是高等教育发展的必然结果。产教融合与校企战略联盟都是在校企合作的基础上产生的，二者是对校企合作的深化探索，但产教融合偏向于价值观的指导，校企战略联盟则侧重方法论的研究。

二是合作与融合的层面有区别。校企合作强调的是学校与企业的合作，是两个组织间的合作；而产教融合的侧重点是产业领域与教育领域的融合，是两个领域的融合。校企战略联盟的联盟主体是学校和企业，这一点与校企合作类似，同时也是对产教融合中"融合"这一词的具体化，它回答的是产教融合中谁去进行融合、如何融合的问题，即学校与企业通过战略联盟的方式进行产业与教育的融合。产教融合是校企合作的升级版，将校企合作中的"校企"升格为"产教"，不仅视野格局更加宏大，而且能够直击产业环节。校企合作与校企战略联盟的合作层面是具体的，是教育领域的代表组织学校与产业领域的典型组织企业进行合作；产教融合则是宏观的，是产业与教育两个体系的融合。进一步而言，校企合作是高等教育在初探时期发展的必然选择，随着社会经济的发展，社会对高等教育提出了更高的要求，便将校企合作这项选择扩大为更深层次的产教融合，而校企战略联盟则是在校企合作及产教融合思想的指导下产生的一种具体融合行为，一种融合路径的探析。

三是三者的内核驱动力有所区别。有学者认为，在近代工业发展期便有了校企合作的萌芽。校企合作的内核驱动力是生产力的发展及工业的进步，在我国工业发展的初期，培养适应工业发展的劳动力是极为紧迫与重要的，于是便产生了"半工半读""工学结合"等相关机制，进而演化出校企合作。产教融合的内核驱动力是国家的倡导与产业升级的需求，为了提高劳动效率，实现人力资源最优化，产教融合成为高等教育发展的一种大趋势，成为国家高等教育发展的大战略、大方向。校企战略联盟的内核驱动力则是高等院校与企业期望以联盟的方式获取资源，提升自身竞争力，以实现各自的利益与目标。其本质是院校与企业的自发行为，是一种"市场性"行为。

综上所述，校企合作、产教融合及校企战略联盟是相互联系但又有区别的高等教育发展与构建的方式，三者的目标都是促进我国高等教育高质量发展。但在不同的时期及情景中，三者又有自身的特殊意义及偏向。

（二）校企战略联盟的构建策略

高等院校与企业是两个差异较大的组织，二者之间联盟的构建与运行可能存在一些问题。高等院校与企业的战略目标与价值观不同，由此双方对待知识技术的态度也不同，高等院校的主要功能就是传播、创新知识技术，但对于企业而言知识技术只是其获取利益的工具与方法。同时，校企战略联盟所处的外部环境也是在不断变化的，外部环境中的不确定因素也影响着联盟关系的稳定。在内外部因素的共同影响下，校企战略联盟面临各种挑战，包括信任危机、战略的改变、价值未能实现、文化未能融合、系统未能整合等,这些问题也会导致校企战略联盟的低效或失败。因此,本书从校企战略联盟的三个方面提出了相应的构建策略,以期实现联盟的有效构建与运行。

1. 立足校企战略联盟的发展根基

校企战略联盟构建要立足于校企战略联盟发展根基:一是寻找联盟的支持体系,并利用好联盟的支持体系,校企双方在联盟时能获取更多的外界支持,使联盟处于一种有利的外部环境之中;二是用合理合情的方法选择联盟的伙伴,合适的联盟伙伴是校企战略联盟成功的基础。

(1)获得校企战略联盟的支持体系

除了校企双方,校企战略联盟的构建也需要有外界的支持体系,这个体系中包含政府的支持和社会的支持。政府支持的意义在于校企战略联盟的构建要积极利用来自政府的政策支持、资金支持等来获取联盟的资源,同时在政府放权的地方积极作为,以创新性思维来构建校企战略联盟。社会支持的意义在于校企战略联盟最终将是一个社会化的产物,它需要得到社会的认同,甚至是获得社会"偏向性的支持",即将参与校企战略联盟的高等院校和企业放在社会购买选择的优先名单上。

①政府的支持

政府的支持一方面包括政府的政策支持与引导,另一方面也包括政府对校企战略联盟的简政放权。

政府部门应着重发挥宏观引导和调控作用,淡化微观运作层面的行政干预与管理,给予校企战略联盟足够的发展空间,使得校企战略联盟能在国家及社会允许的空间内,释放高等教育最大的活力,最终使个人及国家整体受益。

②社会的支持

高等教育与社会的联系密切,企业与社会生活也息息相关,校企战略联盟的构建需要社会的认同与支持。首先是对高等院校的支持与理解。高等院校与企业的联盟不是教育的完全商业化，而是顺应职教发展规律做出的选择，有利于高等教育的发展与人才培养。然后对于企业而言，更需要来自社会的支持。参与校企战略联盟是企业履行社会责任、承担社会义务的表现，在政府给予的支持有限的情况下，社会可以优先购买参与校企战略联盟企业的产品或服务。

来自社会的支持虽然不是校企战略联盟构建的必备条件，但是随着越来越多的社会力量参与高等教育，来自社会的理解与认同以及社会给予的帮助都能为高等教育的发展提供有利条件。同时，企业的社会使用度及对社会的开放程度都高于高等院校，来自社会的支持，可以促使更多的企业投入教育事业中去。

（2）选择校企战略联盟的合作伙伴

构建校企战略联盟，首先要选择合适的联盟伙伴。按照校企战略联盟的特点，可将其伙伴选择的途径划分为以下三种方式：一是因地制宜，依据区位划分及地区特色，选择联盟伙伴；二是依靠产业分工来选择，由行业分工以及行业价值链释放出的独特信号，使得双方可以进行精准选择；三是依据组织文化倾向来选择合作伙伴，拥有相近的组织文化倾向的双方，在建立联盟时能更好地合作。

①依据区位划分及地区特色，选择联盟伙伴。高等院校是极具地方特色的教育组织，多数高等院校的经济功能大于学术功能，与地方经济的联系更为密切，对地方经济有直接推动作用，而且其中的学生也大部分是该地区（省、市）的生源，其就业也较偏向于就近就业，所以对于高等院校而言，依据区位划分及地区特色选择联盟伙伴是可行的。

②依靠产业分工来选择联盟伙伴。高等院校在自己的专业设置上也存在"术业有专攻"的情况，选择自己的优势专业，对标该产业中的优质企业，以

此来选择联盟伙伴,进行强强联盟。高等院校相对弱势的学科与专业,可以通过校企战略联盟来进行改革与创新,利用企业的平台与资源,优化自身的专业建设。而行业中相对弱势的企业,则可通过与该专业强势的院校进行联盟,借助高等院校的知识技术及人力资源,获取发展的机会。在这种情况下,虽然不能组成行业与专业的强强联盟,但是联盟能帮助相对弱势的一方获得发展所需的资源,实现进一步的发展。当然弱势的一方必须让渡部分权力,才能获得联盟的机会与盟友的信任,双方在这个过程中各取所需。

③依据组织文化倾向来选择合作伙伴。高等院校在选择联盟伙伴时,选择与自身办学"趣味相投"的合作伙伴,以此来降低双方的合作交流成本。拥有相近的组织文化的校企双方,在行为偏好、行事方式和价值观念上较为近似,因此在联盟过程中双方的交流与合作会更加流畅,联盟的效率可以极大地提高。

三种联盟伙伴选择的方式,都存在一定的依据,但是也有一定的局限。一个地区的资源是有限的,特别是在一些发展不充分或者优势不明显的地区,以区位选择联盟伙伴是一种局限的"闭门造车"行为。以行业来选择联盟伙伴,联盟的意义有可能只作用于某一个或某几个专业,覆盖面不广。以组织文化倾向来选择联盟伙伴,容易走入"唯心主义"或"形而上"的陷阱,且选择因素主观性较强。综上所述,高等院校在选择校企战略联盟的合作伙伴时,应根据自身实际情况和需求,慎重选择评估,以期实现联盟成果最大化。

2.制定校企战略联盟的管评机制

校企战略联盟在构建时,双方要明确自身定位,以立足于联盟的根本,树立共同目标,使得校企战略联盟朝同一方向前进,减少因为目标和方向分歧而产生的资源消耗。校企双方要制定相应的管理机制,对校企战略联盟进行管理,以解决联盟过程中的争端,保障联盟的有效运行。

（1）明确双方在校企战略联盟中的定位及目标

在高等院校与企业组成的校企战略联盟中，校企双方仍然是各自独立的组织，因此在构建联盟时双方首先要明确自身在联盟中的定位，确定自身联盟的目标，再进行联盟工作，有效地保障联盟各方的相对独立性，使得联盟运行更加理性清晰。

高等院校是校企战略联盟的主要需求方，校企战略联盟能够有效地解决目前高等院校所面临的发展问题。高等院校在校企战略联盟中的定位是教学的主导者、人力的输出方，借企业之力填补自身教学缺口，搭乘"企业快车"跟进市场需求，与企业并进完成科研技术转化。企业参与校企战略联盟的出发点总结起来有三点：一是降低成本、获得利润，二是开拓自己的经营领域，三是获得社会效益。企业在校企战略联盟中的定位是教学的辅助者、人力及科研技术的吸收方，利用高等院校的师资优势及学生力量扩大人力储备，以稳定渠道获得自身所需人才。同时高等院校的科研优势与技术创新优势，能使企业以较低成本实现企业科研技术的创新，以此打通自身潜在的教育链条，开拓研发与技术领域，并获得良好社会效益，得到信誉认可。

联盟的双方不仅要明确自己的定位与目标，也要共同制定校企战略联盟的目标。共同制定目标有利于减少联盟过程中的摩擦，使联盟各方朝着一个共同的大方向努力，来自联盟各方的资源和能力形成一股合力，共同实现联盟的战略目标。校企战略联盟的目标主要是通过校企双方的联盟获取资源、提升自身的竞争力，并通过联盟达成人才供需层面以及知识技术创新层面的目标。

校企双方有各自的定位与目标，也有联盟层面的总体目标规划，这也是校企战略联盟能实现的原因——既立足于联盟整体又保持自身独立。校企双方都希望通过联盟突破自身局限，实现进一步发展。双方都是立足于自身的定位与目标来进行联盟，因此在校企战略联盟之中，联盟的双方一定要坚定自己的定位与目标,并服务于联盟整体的战略目标,这样才能更清晰有效地进行联盟。

(2)合作建立校企战略联盟的管理机制

构建校企战略联盟可能会存在联盟成员之间不团结、关系松散的问题,联盟成员在合作时,可能出现影响项目进程的矛盾或者分歧,所以建立校企战略联盟的管理机制对于联盟的有效运行是极有必要的。

首先,高等院校和企业应该签订相应的联盟协议或合同来保障联盟中各个成员的权利,使其无后顾之忧。学校与企业在联盟中的地位是相对独立的,联盟并不意味着校企双方合二为一,各方都是独立的个体。订立战略联盟协议应包括联盟运行中可能的争端解决机制、资源投入机制、成果分配机制等。校企双方在联盟中有据可依,各成员对自己的责任、权利以及义务都是清楚明确的,在联盟中成员能依据协定处理好各方关系,将利益的共享与风险的分担对应,争取做到公平与效益兼顾。

其次,高等院校和企业之间应建立起良好的信任机制,培养牢固的联盟关系。协议及条例的管控是有必要的,联盟各方有据可依,但是为了使联盟更好地发展,联盟双方应建立起相互信任的机制,以双方利益最大化为目标,在协议的基础上升华,在彼此信任的条件下合作。

(3)对校企战略联盟进行合理的绩效评价

校企战略联盟是由两个或多个联盟成员组成的,成员之间保持了各自的独立性,由此可能会存在投入与产出比例与联盟成果分配上的争议,所以制定相应的绩效评价机制是对联盟投入、产出及分配的有效记录与评价,有利于维护联盟成员之间的关系,使联盟成员信服联盟的运行与分配,这也是联盟信任机制的构建途径之一。校企战略联盟的绩效评价包括两个部分:一是对联盟整体进行绩效评价,以评估联盟的建立是否是有价值的;二是对联盟中的成员进行绩效评价,以评估每个成员对联盟的付出与贡献,避免出现联盟成员"不作为"

的现象，对联盟中的重要贡献成员加以奖励，以此促进联盟之间形成良好的竞争。同时绩效评价的结果也是联盟成果分配的依据之一，联盟的分配方式包括事先约定分配方式与按贡献分配方式。事先约定分配是联盟在构建时对未来的投入与产出可预期、可把控时通常采用的分配方式，按贡献分配是依据联盟的动态运行以贡献和投入为参考进行分配的方式，是联盟通常采用的较为公平高效的分配方式，而绩效评价则是该分配方式最科学的依据。

总体性的绩效评价是评价联盟整体的运行，对于校企双方而言联盟构建的意义就在于扩大资源池，加快知识技术创新流通，提高人力资本的整体质量并增强竞争力，从联盟要解决的问题出发，进行问题导向的绩效评价。

个体性的绩效评价是对联盟成员的工作进行评价，联盟成员之间的合作与信任是联盟运行的基础，对各个成员进行绩效评价考核就是维持联盟公平公正、促进成员之间相互信任的途径。联盟成员的绩效考核主要是考核联盟成员的投入与产出两个方面，将每一项成果的贡献比例进行量化，并进行多主体、多维度的交叉考核，将绩效考核结果在联盟内进行公示，对优秀的联盟成员进行激励，以此促进联盟的整体进步。

校企战略联盟的绩效考核是联盟运行中很重要的一个环节，校企联盟并不是一个公益性的组织，其最终目的还是竞争力的提升以及实际效益的取得，所以联盟的评价应遵循成果导向，并引入第三方评价机制，尽可能客观、高效地引导联盟运行。

3.探索校企战略联盟的发展路径

校企战略联盟相对于其他校企合作形式而言，其动用的资源与人力更多，投入更大，所以校企战略联盟一旦建立起来就不可轻易终止。校企双方需要努力维护联盟的长效可持续发展，从联盟的长期稳定合作中获取更多利益。

校企战略联盟的构建与运行是一个时间跨度相对较长的过程，不可能一蹴而就，同时校企战略联盟的效果也很难立竿见影，因此联盟中的各方都应该在联盟的过程中培养自己的核心优势,保持对联盟伙伴的吸引力,形成互相吸引、相互信任的联盟机制。

(1)培养核心优势,保持联盟各方的吸引力

联盟的长期建立与可持续发展,要依靠联盟各方保持吸引力,如果校企任何一方在联盟中"坐享其成,不思进取",则联盟中的其他伙伴就可能产生退出或者解散联盟的想法,甚至是采取相应行动。校企战略联盟并不是一种非常稳固的联盟,因为对于企业来说,高等院校提供的产品与服务,企业可以从市场上购买获取,而高等院校的运行即使没有企业参与也能正常进行,所以双方的相互吸引与合作意愿是联盟持续的关键因素。

校企双方的核心优势,是别的组织无法快速模仿和习得的,也很难通过其他渠道获取。双方依靠这种优势相互吸引,逐渐形成一种互相需要且相互依靠的稳定联盟。而校企双方进行联盟的过程也是双方培养核心优势的过程,原有的优势在联盟过程中不断优化巩固,逐渐形成自身的核心优势。

(2)保持与时俱进,调整与优化联盟运行

高等院校与企业组成校企战略联盟并不意味着校企双方可以通过这项联盟活动实现一劳永逸的发展,相反高等院校应更关注市场与产业的变化,保持灵敏的反应,以体现其在联盟中的重要价值和作用。整个联盟也要紧跟时代与产业的步伐,随着市场与产业的实际需求不断进行调整优化。校企战略联盟是校企双方依据与时俱进的变革逻辑而成立的,因此联盟的运行必须立足于对产业发展的及时跟进、对时代需求的及时满足。

校企战略联盟与时俱进的优化调整包括对联盟形式及内容的调整,对人才培养的优化与调整,对高等院校专业设置及专业教学内容的调整,对技术及知识的升级与调整,等等。

(3)扩大联盟范围,吸收优质的联盟力量

校企战略联盟在构建时,并没有对学校与企业的数量作要求,但是通常情

况下在联盟的初始阶段，一所院校对应一个企业是较为稳定的联盟，数量较少的联盟伙伴也意味着较低的风险。但随着联盟的发展，联盟的抗风险能力有所提高，联盟的需求也更加多样化，吸收新的优质的联盟力量是促进联盟进步的有效选择之一。

新的联盟力量既包括企业也包括高等院校，原有的联盟可以依据自身需求主动进行纳新，也可以是其他力量要求参与联盟，由原有联盟进行评估后再吸收。当联盟的势力扩大到一定程度，就形成了一个校企联盟的平台，这有利于实现产业与教育的进一步融合，即形成产教融合型城市（以区位为依据进行联盟），构建产教融合型行业（以行业为依据进行联盟），催生一批又一批产教融合企业（企业文化的选择）。这也是校企战略联盟更深层次的目标，以点带面，以成功的校企战略联盟为典范，带动一批批企业与高等院校参与进来。

二、创新创业教育

（一）创新教育的含义

国际上关于创新教育的解释有广义和狭义之分：广义的解释认为创新教育不同于传统的教育形式，主要目的是培养学生的创新素质，提高学生的创新能力；狭义的解释则认为创新教育的主要目的是培养学生的创新意识、创新思维、创新精神，使学生具备一定的创新能力。

（二）创业教育的含义

关于创业教育的解释也有广义和狭义之分：从广义上讲，创业教育主要是培养学生的独立工作能力、管理能力、人际交往能力等，同时还要培养其心理素质能力，比如探索冒险精神、事业进取心等；从狭义上讲，创业教育是培养学生创办新企业以及创业过程中所需的各种综合职业能力的教育，使学生从求职者变成岗位创造的主要力量。

（三）创新创业教育的含义

创新创业教育是联合国教科文组织提出的一个全新的教育理念。对创新创业教育的含义没有清晰的界定，一些学者认为创新创业教育就是创新教育或者创业教育，另一些学者则认为创新创业教育是创新教育和创业教育的融合。

创新创业教育是一种素质教育，创新是创业的根本，创业是"表"，创新是"里"，创新更多的是思维层面的创造，是指勇于创新、敢于冒险尝试的态度与精神；而创业是行动层面的创造，是指在各个领域中开创出新的事业以及新的岗位。创业的核心内容是创新，创新给创业提供了可能性，两者相互依赖、互相影响。创新创业教育是一种结合多种教育理念的全新教育理念，包括创新教育、创业教育、素质教育、职业教育等，目的是培养学生创造出新的事业、工作岗位，使高校毕业生能够自主创业、灵活就业。

综上所述，我们可以看出，创新创业教育是由"创新"与"创业"两个要素组成的，创新教育强调培养学生的创新意识、创新思维、创新精神，以及培养其独立思考的能力，提出新的观点并实践；创业教育强调培养学生的创业意识、创业实践操作能力，从思维层面到实践层面。创新创业教育注重使学生从被动接受学习转变为主动探索学习，开发新事物，进行创业活动。

三、旅游人才培养模式

旅游人才培养模式的含义是在人才培养模式的含义基础上延伸而来,同时也是在旅游教育的不断实践过程中发展而来的。随着我国教育教学的深入改革,研究者开始频繁使用"人才培养模式"这种说法,但是并未对这一概念做出相应的解释和界定。所谓人才培养模式是学校为学生构建的知识、能力、素质结构,它集中地体现了高等教育的教育思想和教育观念,规定着所培养人才的根本特征。因此,有学者提出,旅游人才培养模式是旅游高等院校为实现旅游人才培养而搭建的知识、能力以及素质结构,其中包括人才培养目标、教学方式、课程体系以及实践、就业等环节。随后,我国高等教育的工作者、理论研究者对"人才培养模式"的概念从不同角度做更深一步的研究,目前,"人才培养模式"概念理解具体分为三类:

(一)从人才培养目标、方法角度界定

人才培养模式是指在一定的办学条件下,为实现一定的教育目标而选择的教育形式。人才培养模式体现了高校的教育思想和教育观念,主要包括人才培养目标、培养规格和培养方式以及实现的方法和手段,人才培养模式决定了高校人才培养的基本特征。

(二)从结构角度界定

人才培养模式就是在一定的教育思想和教育理论指导下,为实现人才培养目标而采取的运行方式,在实践过程中形成了一定的风格或特征,具有明显的系统性和规范性。人才培养模式是以校企合作、产学研结合的教育思想为指导,采取理论与实践相结合的教学方法,培养学生的综合职业能力,以满足企业和社会发展需要,并且制定完整的管理制度和评估体系进行人才培

养的过程。

（三）从综合的角度定义

人才培养模式包括培养目标、培养制度、培养过程、培养评价四个方面，是指在一定的教育理念、教育思想指导下，依据一定的培养目标和人才培养规格，通过教学内容、课程体系、管理制度和评估方式实施人才培养的过程。

四、旅游创新创业人才培养模式

旅游创新创业人才培养模式是一种创新的人才培养模式，是将创新创业教育理念与旅游管理专业人才培养相融合，革新传统的人才培养模式，满足旅游行业对人才的需求。旅游创新创业人才培养通过课堂、创新创业大赛、讲座等教学形式进行，注重学生的旅游管理专业知识、实践操作能力与素质的培养。旅游创新创业人才区别于旅游人才：旅游人才是指在旅游的各个岗位上从事旅游服务工作，且具有一定的专业知识与专业技能，具有职业道德与素养的从业人员；而旅游创新创业人才除了要求具备旅游人才具备的素养，还要具有创新创业所需的特质，更要能满足旅游行业的发展需要。

五、三螺旋理论

三螺旋理论在一些国家已经得到了广泛的应用。社会经济的发展，产业对创新创业人才的需求不断增加，政府对创新能力和创业能力重视程度的不断加大，促使高校、产业、政府之间的关系更加密切，政府在高校、产业之间起着协调作用，为高校和产业提供政策、资金支持，协同进行技术创新活动。三螺旋理论就是构建一种呈螺旋状的创新模式，学校、政府、企业三者之间既相互独立又相互协作，共同创建新的创新环境，实现利益最大化。三螺旋理论是目前研究"校企联盟"最合适的理论系统。

（一）三螺旋理论的提出

三螺旋理论是美国计算机科学系教授、社会学家亨利·埃茨科威兹（Henry Etzkowitz）和荷兰经济学者罗伊特·雷德斯多夫（Loet Leydesdorff）在总结美国128公路和硅谷形成的经验基础上产生的，两人合作将生物学中有关三螺旋的原理应用到产学研合作模式中，提出了三螺旋创新理论，用于研究政府、高校、企业之间的关系，并称之为"三螺旋模式"。

（二）三螺旋理论的含义

三螺旋理论认为，在知识经济社会内部，政府、高校、企业是相互独立、相互联系、相互作用的三个核心社会机构，它们根据市场要求而联合起来，形成三种力量交叉影响呈螺旋上升的趋势，也称为三螺旋关系。三螺旋理论不同于传统的产学研合作，其最终目标是探索政府、高校、企业的协同合作，实现资源、信息的最大化利用，形成创新、育人的长效动力机制。

三螺旋理论中，政府、高校、企业是构成三螺旋模式的三个重要因素。三螺旋理论强调政府、高校、企业三个创新主体联合起来建立互惠互利的关系，协同发展。这一理论可以运用到高校创新创业人才培养的工作当中，高校创新创业人才培养需要政府、高校、企业的通力合作，三者在创新创业人才培养中各尽其职，相互推动，共同培养创新创业型人才。

（三）三螺旋理论的运行机制

三螺旋理论是指政府、高校、企业以某种共同利益为目的，在一定的组织和制度保障下，使三者呈螺旋状上升，实现资源共享，达到各自的目的。三螺旋理论是一种创新型模式，其创新主体是政府、高校、企业。在三螺旋模型重叠模式中，政府、高校、企业在保持各自独立身份的同时，又表现出各自的一些特征和能力。三个主体如同螺旋上升的螺旋线一样交叉、互动、重叠、融合，形成不同的关联模式和组织结构，从而推动整个创新活动的螺旋式上升。

在创新创业人才培养的三螺旋模式中，政府、高校、企业之间的关系存在极大的不稳定性，会随着内外部环境的改变而变化。首先，政府、高校、企业在三螺旋模式中发挥各自的职能：高校主要担任科学研究职能，通过提供良好的科研氛围和培养高素质人才与企业对接，形成联系；企业提供产业发展动态，使得高校、政府把握市场需求，进行人才培养，进一步促进产业经济发展；政府在政策环境中发挥着重要作用，通过制定相应的政策保障体系，协调各部分之间的关系，加强主体之间的合作。其次，政府、高校、企业三者之间相互促进、互相影响、角色互换，高校借助孵化器成为企业，企业通过自主研发活动成为教育和科研机构，政府通过各种投资项目成为风险投资商。再次，政府、高校、企业三者之间相互推动，产生合力，结合各自的需求以及相同的目标和利益，相互联系沟通，促进发展。最后，政府、高校、企业三者之间的相互作用对社会产生了积极的影响，解决了各自的需求，也支持了政府的政策，实现多赢局面。

三螺旋理论的运行就是在政府、高校、企业三者共同努力的情况下，结合愈加紧密，最终形成一个独立的、相互支持的、跨区域合作的三螺旋结构。

第二节　基于校企联盟的高校旅游管理专业创新创业人才培养模式构建

旅游业在新的经济格局下面临着新的挑战，新时期的旅游业呈现出新的特点，因此对旅游人才的需求特征也发生了变化，旅游人才培养必须符合新时期旅游业发展的需求特征。校企联盟是高校旅游管理专业创新创业人才培养的一个最佳的途径，密切联系旅游行业的人才需求特征，高质量培养学生的创新能力、实践能力等一系列就业所需的能力，以满足市场的需求，解决旅游管理专业就业难、人才流失严重、供需错位等问题，并借鉴成功经验，构建基于校企联盟的高校旅游管理专业创新创业人才培养模式。此模式要求学校与旅游企业之间建立深层合作关系，以岗位需求为基本点，依据旅游市场需要，签订合作协议，在政府以及行业协会的监管下，学校和旅游企业协商制订旅游创新创业人才培养方案，共同承担教学任务，改变传统的教学方式，培养学生的综合能力。高校旅游管理专业创新创业人才培养需要社会、政府、高校、企业、个人等多方各司其职，协同促进学生的全面发展。

一、模式构建的依据

本书初步选取了高校旅游管理专业创新创业人才培养的多个指标，采用因子分析法筛选出旅游管理专业创新创业人才培养的构成要素，以此作为模式构建的依据。

二、模式构成要素的筛选

（一）高校旅游管理专业创新创业人才培养能力指标初选

在查阅大量文献的基础上，结合创新创业的含义与相关理论，结合旅游管理专业性质，借鉴创新创业能力培养指标体系，在出现频率较高的基础上，本书初步确定了 20 个指标，如表 5-1 所示。

表 5-1　初步确定的高校旅游管理专业创新创业人才培养指标

序号	指标内容
1	旅游类专业理论知识
2	创新创业及相关领域知识
3	创新创业意识
4	创新创业思维
5	创新能力
6	决策能力
7	实践能力
8	团队协作精神
9	机会识别、选择与把握能力
10	资源整合能力
11	沟通能力
12	多语言应用能力
13	适应环境能力
14	学习能力
15	媒体营销能力
16	服务能力
17	应变能力
18	心理素质
19	身体素质
20	职业道德与责任感

（二）高校旅游管理专业创新创业人才培养能力指标确定

在初步确定的 20 个指标的基础上，通过咨询旅游管理专业的教师、旅游行业的管理者，并根据他们的修改意见进行修改，本书将指标中的"服务能力"改为"服务意识"，将"沟通能力"改为"人际交往与沟通能力"，将"实践能力"改为"实践操作能力"，包括的范围更为广泛。本书最终确定了 20 个极具代表性的指标（见表 5-2），成为因子分析与权重计算的构成要素，根据确定的指标进行打分，重要程度按李克特（Rensis A. Likert）的五级量表打分，5 代表非常认同，4 代表认同，3 代表一般认同，2 代表不认同，1 代表非常不认同。

表 5-2　最终确定的高校旅游管理专业创新创业人才培养指标

序号	指标内容
1	旅游类专业理论知识
2	创新创业及相关领域知识
3	创新创业意识
4	创新创业思维
5	创新能力
6	决策能力
7	实践操作能力
8	团队协作精神
9	机会识别、选择与把握能力
10	资源整合能力
11	人际交往与沟通能力
12	多语言应用能力
13	适应环境能力
14	终身学习能力
15	媒体营销能力
16	服务意识
17	应变能力

续表

序号	指标内容
18	心理素质
19	身体素质
20	职业道德与责任感

（三）模式构成要素的因子分析

1.因子分析法的基本原理

因子分析法是查尔斯·斯皮尔曼（Charles Spearman）提出的一种统计方法，选取少数的、不相关的公共因子来代替数量较多的初始变量，以此来描述多个变量之间的关系，使问题分析变得简单化、客观化。

2.克朗巴哈系数法

克朗巴哈系数法是由李·克朗巴哈（Lee Cronbach）提出，它是检验信度的一种方法，是目前最常用的信度检验方法。系数在 0.6 以上，被认为可信度较高。

3.KMO 检验与 Bartlett 检验

在因子分析中，一般用 KMO（Kaiser-Meyer-Olkin）检验与 Bartlett 检验来判断变量之间是否具有相关性。KMO 检验是用统计量大小比较变量间的偏相关系数和简单关系系数之间的相关性，公式如下：

$$\text{KMO} = \frac{\sum\sum_{i \neq j} r_{ij}^2}{\sum\sum_{i \neq j} r_{ij}^2 + \sum\sum_{i \neq j} p_{ij}^2} \quad \text{式（5-1）}$$

在式（5-1）中，r_{ij}^2 为变量 i 和变量 j 之间的简单相关系数；p_{ij}^2 为变量 i 和变量 j 之间的偏相关系数。KMO 值越接近 1，说明变量间的关系越强，越适合做因子分析；KMO 值越接近 0，说明变量间的关系越弱，越不适合做因子分析。KMO＞0.9 时，非常适合做因子分析；KMO 值在 0.7~0.8 时，适合做因子分析；KMO＜0.5 时，则不适合做因子分析。

巴特利特球形检验是检验各变量之间的相关性，当概率 P 值小于 0.05 时，此问卷才有结构效度，才可以做因子分析，如果大于 0.05，则不适合。

4.信度检验

调查问卷的信度是指调查结果反映的与实际情况的一致性或稳定性，即反映被调查对象真实程度的指标。下面就采用克朗巴哈系数法。

将调查数据导入 SPSS 中，得到总量表的信度系数为 0.945，代表整个问卷的信度较好，如表 5-3 所示。

表 5-3　调查问卷的信度分析表

Cronbach's Alpha	项数
0.945	0.945

5.效度检验

调查问卷的效度检验是指对问卷测量结果的有效性的分析，即调查资料反映客观现实程度的检验。

结构效度是指测量结果包含的各个属性与总体属性在结构上的一致性，结构效度利用因子分析的方法从量表中提取一些公因子，并且这些公因子分别与特定变量高度相关，代表了量表的基本结构。

将调查数据导入 SPSS 中，结果见表 5-4。

进行 KMO 检验和 Bartlett 检验：

表 5-4　指标的 KMO 检验和 Bartlett 检验

取样足够的 KMO 度量		0.885
Bartlett 的球形检验	近似卡方	4526.911
	Df	190
	Sig	0.000

如表 5-4 所示，KMO 检验是用统计量大小比较变量间的偏相关系数和简

单关系系数之间的相关性，表中的 KMO 结果为 0.885，检验效果良好，可以进行分析；Bartlett 球形检验统计量 Sig<0.05，本数据适合做因子分析，效度检验通过。

三、模式的构成要素

高校旅游管理专业创新创业人才培养必须以旅游业发展趋势及市场需求为导向，以校外实践基地作为培养平台，培养学生的综合职业能力。校企联盟高校旅游管理专业创新创业人才培养模式是在政府、高校、企业等的多方协同下，对学生进行职业能力、职业素质、专业理论知识方面的培养，使学生毕业后能够顺利适应工作岗位，或者自主创业，提高旅游管理专业学生的就业率，缓解旅游高校人才培养与旅游企业之间"供需错位"的矛盾。该模式主要是由"三点""多方"构成，其内涵如下：

"三点"分别代表能力、素质和知识，具体是指高校旅游管理专业创新创业人才培养应该以能力、素质、专业理论知识为核心要素。高校旅游管理专业创新创业人才培养的能力指标主要包括创新能力、决策能力、机会识别与把握能力、资源整合能力、环境适应能力、媒体营销能力、语言应用能力、终身学习能力、应变能力、人际交往与沟通能力。高校旅游管理专业创新创业人才培养的创新创业素质指标主要包括创新创业意识、创新创业思维、团队协作精神、服务意识、职业道德与责任感、心理素质、身体素质。高校旅游管理专业创新创业人才培养的创新创业知识指标包括旅游管理专业理论知识、创新创业及相关领域知识。以上都是旅游管理专业学生创新创业人才培养必不可少的能力，切身考虑学生的个人发展以及职业发展需求，是高校旅游管理专业创新创业人才培养的基本出发点。

"多方"是指在政府部门、高校、旅游企业等的协同下，政府积极发挥其指导、监督保障作用，高校主导、企业积极参与，相互交流，实现资源共享的最大化，协同定位人才培养目标，制订人才培养方案，推进高校旅游管理专业创新创业人才培养，提高人才供给质量和水平，推动旅游业的进一步发展。

四、模式的构建

基于校企联盟的高校旅游管理专业创新创业人才培养模式是在高校、企业、政府的多方协同下，以产业发展及市场需求为导向，培养旅游创新创业人才，提高学生创新创业能力和综合职业素质，提高学生就业率，促进旅游产业的发展。此模式中，政府、高校、企业作为主体，构成三螺旋关系，三个主体呈螺旋状上升，彼此之间相互依靠、紧密联系，协同培养旅游创新创业人才。

在政府部门相关政策、资金、法律法规、环境的支持下，高校、企业相互交流合作，协同确定人才培养目标，制订人才培养方案，组织开展教学活动，转变高校旅游管理专业创新创业人才培养的理念，加强对创新创业教育的认识；开设创新创业相关课程，提高学生对创新创业的认识，培养学生的创新意识、创新思维，扩展学生的知识领域；加强"双师型"师资队伍的建设，更好地指导学生的创新创业活动；深化校企合作，建立实践基地，让学生在真实的环境中实践学习，提升学生发现问题、解决问题的能力以及创新能力，引导其开展创业活动。此模式下，高校培养适合旅游业发展需求的人才，为旅游企业输送人才，旅游企业为高校旅游管理专业创新创业人才培养提供实践基地实习岗位，提高学生的职业能力，进而提高学生的就业率，促进社会经济的发展。

第三节　基于校企联盟的高校旅游管理专业创新创业人才培养模式的建议

一、完善教学模式

（一）高校旅游创新创业人才培养目标定位

人才培养目标是高校旅游创新创业人才培养的基本导向，也是旅游教学中的标杆。旅游管理专业是一门应用性很强的专业，因此在教学过程中应该注重应用型人才的培养，在讲授理论知识的同时，更加注重对学生创新创业思维、创新创业意识、创新能力以及实践能力的培养。高校旅游人才供给与企业用人需求之间存在错位，旅游业呈现出新的发展趋势，旅游消费者对新的旅游方式产生极大的兴趣，越来越多的旅游消费者寻求新的体验，更加注重旅游产品的高品质、个性化服务。这些需求要求旅游创新创业人才培养要突破学科界限，注重培养学生的创新创业能力，准确把握旅游市场，以及旅游者的消费需求特征，针对特殊人群定制旅游产品，整合旅游资源，开发新的旅游产品，为旅游市场添加活力。旅游业作为服务业，高校旅游创新创业人才培养目标方向及定位要充分考虑旅游市场的发展需求，结合自身特点及企业需求调整人才培养目标，以市场需求为导向，确定适合学生发展及就业的培养目标。旅游人才培养目标的制定由校企联盟成员协同商讨制定，更具有针对性。

（二）优化课程体系，以能力为本位

1. 开设创新创业及相关领域理论课程

旅游管理专业是应用性很强的专业，旅游行业的从业人员在具备理论知识情况下还必须具备实践操作能力；旅游创新创业人才除了掌握专业理论知识，还要掌握创新创业内容，同时更加强调要具有实践能力。创新创业课程有助于打破学科界限，使学科之间相互渗透、相互融合，产生创新思维，从而推动创业的进程。因此，高校在设置课程时，应该开设创新创业课程并且与旅游管理专业知识融合，这样课程设置领域会更宽，包括专业理论知识，实践操作课程，法律、营销等多方面知识，从而为旅游管理专业创新创业人才的培养做铺垫。

2. 开设实践课程

旅游创新创业人才要具备很强的实践操作能力，创业活动是从创新想法具体到实践的成果转化。课程设置时，应把实践课程列入课程体系当中，以旅游市场需求为导向，以能力为本位，设计课程，举办创新创业大赛及其他活动，开展创新创业基地实践教学，提高学生的实践操作能力，以及发现问题、解决问题的能力，为创业活动的进行打好基础。同时，还应该开设隐性课程，进行素质教育，培养学生的职业道德与责任感，增强服务意识，更好地满足岗位需求。总之，旅游课程的开设应该符合旅游业发展对人才的需要，以"能力、知识、素质"为主要目标，培养创新型、应用型的旅游人才。

（三）优化教师队伍结构，加强师资队伍建设

素质的高低决定着教育改革的成功与否，对旅游创新创业人才培养质量的高低起着关键性的作用，教师可以以自身作为榜样，用自己的创新创业精神鼓励学生，让学生投入创新创业的氛围当中。总之，旅游创新创业人才培养需要一支优秀的教师队伍。创新创业教育是一种新的教育理念，它的综合性极高，

教师不仅要有丰富的理论知识，也要具备实践能力，并且具有创新创业经验。此外，旅游管理专业的性质也要求老师具备丰富的理论知识与实践经验，因为旅游管理专业教师除了教师的角色，也应该是旅游行业的从业人员。所以，旅游创新创业人才培养应该加强教师队伍的建设。

1.加强专业教师队伍建设

旅游管理专业教师不仅要有丰富的理论知识，而且要具备一定的实践能力。旅游高校应规定学校教师到企业挂职锻炼，在一线岗位了解旅游企业的发展新趋势、新特点以及新知识，提高教师的专业理论知识和实践操作能力。

2.加强兼职教师队伍建设

旅游企业为高校输送优秀的从业者或者具有创业经验的企业导师到教师队伍当中，他们作为兼职教师，对专职教师进行理论培训，加强彼此之间的交流；专职教师获取最新的旅游管理专业创新创业内容，丰富教学素材，同时，对学生进行创业指导，提高学生创新创业兴趣，开展创业活动。

（四）深化校企合作，搭建实践教学平台

旅游业是服务行业，服务行业的特点就是面向市场，而旅游高等教育的任务是为旅游行业输送高质量、高水平的专业人才，旅游管理专业具有鲜明的职业特点，高校旅游创新创业人才培养必须符合旅游产业以及旅游岗位的需求特征。因此，旅游产业需求是高校旅游创新创业人才培养的依据，在此背景下，校企联盟是旅游创新创业人才培养的最佳途径，通过实践基地开展旅游创新创业教育活动，使其人才培养更具真实性，更能提高学生的实践能力与创新能力。校企联盟由旅游院校、企业、行业协会、政府等多方组成，行业协会、政府为旅游高校人才培养提供政策、资金、信息支持，成为校企合作的纽带。

一方面，企业为学校输送实践经验丰富的高层管理者或者具有创业经验的

企业人作为兼职教师，教授学生专业理论知识与创新创业内容，指导学生的创业活动；定期举办讲座与交流活动，使教师、学生了解当前的旅游发展新趋势与特征，培养学生的创新意识，激发学生的创新思维，提高学生的创新能力与专业能力，同时为学生提供创新创业实践教学平台和实习岗位，提高学生专业实践能力和创业实践能力。

另一方面，通过校企联盟平台，学校充分了解旅游市场的人才需求特征，与旅游企业共同制定人才培养目标，有针对性地培养市场所需的人才，解决旅游人才供需错位、人才流失的问题。校企联盟平台加强了学校的师资队伍建设，加强了学生实践能力的培养，实现了"教-学-做"的融合，使旅游人才培养符合旅游市场需求，提高了旅游人才培养的质量。

（五）推进校企协同育人，开展创新创业教育

依托校企联盟，协同完善创新创业教育内容，建立创新创业基地，加强创新创业实践，使创新创业教育与旅游管理专业深度融合，促进旅游创新创业人才的培养。联盟提供创新创业法律法规、创业资金等支持，高校在企业、政府的支持下，积极引导学生参与创新创业项目，组建创新创业团队，提高创新创业能力，促进大学生的创新创业活动。

二、高校旅游管理专业创业人才培养的保障机制

（一）建立校企联盟运行机制，深化校企融合

1.成立校企联盟理事会

校企联盟理事会是校企联盟的最高决策机构，校企联盟的组合、策划、运行统一由理事会监管。理事会成员主要由参与联盟的旅游高校、科研机构、旅

游企业等单位组成，理事会保障成员之间责任、利益、权利的统一分配及监督，确保校企联盟成员积极参与，促进旅游产业的发展及高校旅游创新创业人才培养的有序开展。

2.建立专家咨询委员会

专家咨询委员会由旅游高校专家、企业领导、政府管理人员组成，由校企联盟理事会直接聘任。专家咨询委员会的主要职责，从宏观角度来看：根据旅游产业的发展趋势，把握校企联盟的发展方向，制订校企联盟的发展规划，审计校企联盟合作项目，并监督其实施进度，评估实施效果。从微观的角度来看：首先，专家咨询委员会协助高校依据旅游产业的发展需求创新旅游人才培养模式，校企协同调整人才培养目标，制订人才培养方案，设计教学内容；其次，确保校企双方在人才培养过程中及时交流、反馈情况，以便调整人才培养方案；最后，专家咨询委员会推动企业建立校外实习基地，为学生提供实习岗位，让学生理论联系实际，培养实践操作能力，共同提高旅游人才培养质量，满足企业需求，解决供需错位矛盾，提高学生就业率。

3.构建校企联盟的考核与评价体系

校企联盟理事会建立联盟考核与评价体系，作为高校绩效考核的重要指标，纳入高校管理考核体系当中，联盟成员定期做工作进展、成果汇报等，这些都将作为校企联盟的考核内容。考核评价体系能调动各方参与的积极性，确保校企联盟的有效运行。

（二）加强政府的政策支持

政府在旅游创新创业人才的培养过程中起着协调支持的作用，旅游创新创业教育以及学生的创业实践活动离不开政府政策、资金以及其他相关部门的支持。首先，政府及相关部门应该加强创新创业的相关法律体系建设，为创新创业活动提供法律保障，同时制定创业优惠政策，并且提供创业指导、咨询等服务，吸引更多的大学生创业。其次，政府应该加大对旅游院校以及旅游管理专业学生创新创业资金的支持力度，资金不足是制约大学生创新创业的主要原因。因此，政府与行业协会应多方配合设立大学生创新创业基金，降低大学生创新创业贷款门槛，建立旅游创新创业实践基地，激发学生的创业兴趣。政府应该联合旅游企业、旅游高校推动校企联盟的建设，协同建立旅游创新创业培训协会，协会邀请旅游行业的专家、旅游高校教授、创业经验丰富的企业人等业内精英作为创业导师，对有创业意向的大学生提供免费培训指导，开拓创新思维，提高旅游创业实践能力。

（三）加强社会环境的支持

目前创新创业教育还没有完全被社会和高校所接受，社会各界对创新创业没有形成明确的认识，创新创业氛围普遍不浓厚，影响大学生创新创业的热情。因此，高校应该担此重任，加大创新创业人才的培养，政府加大对校企联盟创新创业教育的提倡和宣传，使全社会广泛关注创新创业教育，为创新创业人才培养营造良好的社会氛围。

第六章　旅游管理应用型人才协同培养模式

第一节　旅游管理应用型人才培养模式的构建

一、技能应用型课程体系的构建

高等院校的课程体系构建必须以市场需求为导向，合理设计技能应用型课程，培养专业性和实用性强的人才，才能让学生在竞争激烈的就业市场站稳脚跟。技能应用型课程体系的构建要从以下几个方面努力：

（一）完善应用型课程设计过程

在技能应用型课程设计过程中，要考虑到学生的学习广度，缩小不同层次学生之间的差别，不仅要开设技能应用型课程，还应该把课程细化到适合学生的难度，并与专业课程区别开来。

（二）改革课程设置

当今社会日新月异的发展要求高等院校的课程设置也必须赶上时代的步

伐，做到技能应用型人才的培养与专业的发展相一致，要改变传统的教学体系课程设置，增加囊括新知识、反映新技术的技能应用型课程，精选出专业核心课程，删除不太需要的陈旧课程，使课程设置达到"新""强""精"的标准。

（三）合理分配课时

任何一门课程都应该安排合理的授课时间，以避免出现理论课时过多、实践课时过少的现象。另外，为了不让学生在就业高峰期面临上课与找工作的冲突，还要避免在毕业年安排专业课程，否则既会影响教学效果，又会影响学生的就业。

二、技能应用型人才培养教学管理模式

（一）实行"双师"管理模式

对学生实行辅导员和班主任共同管理的"双师"模式，辅导员主要由思想政治理论教学部的专职人员担任，重点负责学生的心理引导及思想教育工作；班主任则由具有教学经验的专业任课老师担任，主要负责学生在学习阶段的专业指导、职业设计及与其他任课老师的沟通等，使教学管理更具针对性和有效性。

（二）健全教学反馈模式

高等院校的教学管理应该以内外反馈机制的完善作为主线，通过对教学体系进行内外评价和反馈的方式，提高教学管理效果。

（三）推行对学生的全面考核模式

主要加强对学生的知识拓展、操作技能和综合实践能力等方面的考核，以试卷考核和动手操作、课内表现和课外训练二者结合的方式综合考查学生的创新能力和实践能力。

三、技能应用型人才培养模式

高等院校要办出特色，就一定要提高学生的竞争力，为达到这一目的，必须加强应用型专业人才的技能培养。主要应从以下几个方面来完善技能培养模式：

（一）实践教学模式

在教学过程中，对低年级学生，可组织现场模拟、课堂讨论、课堂辩论等上课模式，以提高学生的反应能力及判断能力；对高年级学生，可提供实训课，建立模拟实训室，有针对性地强化学生的实践能力，让学生有亲临现场的感觉，为他们专业应用型能力的培养打下基础。

（二）技能锻炼模式

成立学生实践委员会，负责拟定学生的实践细则，对内联系学校相关部门，对外联系实践单位或者挂职锻炼单位，为学生提供实践的机会，让他们能在政府部门、企业、事业单位或者学校"三助"岗位参与实际工作，以便于做到理论联系实际。

（三）建立学生实习基地

通过校企合作的方式，建立学生实习基地，学校可以与企业或用人单位合作，互利共赢，以培养出具有专业技能的人才。这样不仅可以让学生掌握企业的人才需求情况，还能让学生在毕业后尽快胜任工作，以弥补单纯课程教学的不足。

（四）设置技能奖励模式

奖励能提高学生对技能塑造的积极性和主动性，可设置"技能进步奖""技能创新奖"等，对技能突出、创意明显的学生进行嘉奖，形成有效的技能激励机制，提高学生的实践操作技能。

四、技能应用型教育教学质量保障与评价体系

技能应用型教育教学质量保障与评价体系的形成主要包括以下两个方面：

（一）保障教学条件

首先，在师资队伍方面要构建一支知识结构完整、年龄比例合适、综合素质优良的教师队伍。其次，要完善教学基础设施建设，配备方便快捷的教学设备，建立先进、科学的实验室，保证学生学习的硬件条件。最后，要完善学校的教学检查制度，对教学秩序、课堂教学、实践教学等方面都进行定期或不定期的检查，及时纠正不到位的教学情况，以保障教学质量（师资队伍、基本设施、教学检查等）。

（二）完善教学评价

首先，要鼓励学生评教。教务处应组织学生在每一门课程结束前，对任课教师的上课方式、表达能力、授课效果等方面进行客观的满意度测评。其次，组织专家（督导）进行评教。让专家或督导亲临课堂对任课教师的教学方法进行检查、监督和指导，及时反馈教学信息，改进教学方法，以保证任课教师在上课时能突出重点、详略得当。最后，要利用同行评教。各教师之间相互听课、进行评价也是教学质量评价的有效方式之一。同行要对被评教师的教学方法、教学态度及教学效果等进行评价，对需要改进的教师提出切实可行的建议或意见，只有以上评教方式相互结合，才能使教学评价取得客观、公正、合理的结果。

第二节　旅游管理专业教师队伍建设机制

旅游业已成为我国经济新的增长点，然而，高校旅游教育严重滞后于产业发展，旅游人才供给不足与旺盛的旅游需求之间存在巨大的矛盾，难以与不断变化的旅游市场对接，使得旅游人才的培养面临了新的挑战。旅游管理专业不仅要提升学生的专业知识、理论素养，还要注重实践教学的组织实施，以提高学生的实践能力，这是学生适应社会发展的需求。旅游管理专业教师在旅游行业教育发展过程中起着主导作用。因此，加强高校旅游管理专业的实践教学，不能忽视旅游管理专业师资队伍的建设，加强实践教学需要有与之相匹配的实践教师队伍作保证。在高校旅游管理专业平台上，建设一支理论储备丰厚、业务知识精湛、综合素质高的"双师型"师资队伍，对于优化旅游管理师资结构、提升科研水平、科学探索新形势下旅游人才培养的教育模式，进而为旅游业的健康可持续发展培养、输送高素质应用型人才起着至关重要的作用。

一、旅游管理专业教师队伍聘用机制

（一）招聘方式多样化

招聘方式影响"双师型"教师的来源和质量。在保留目前学校社会公开招聘的基础上，加强学校与企业合作，深入企业聘用人才，变"被动"为"主动"。到企业聘请人才能有效改变目前本专业"双师型"教师中公司、企业一线人员匮乏的现状，有利于学校了解公司、企业人员的综合素质和能力，有利于校企双方实现深度合作。

（二）制定"双师型"教师任职标准

良好的"双师型"教师任职标准是保证"双师型"教师队伍质量的首要前提。一切招聘"双师型"教师的方式方法，都要符合"双师型"教师任职标准，任职标准包括思想道德、专业能力、工作情况、实践能力等多个方面。思想道德方面，"双师型"教师要热爱教育事业，愿意为高等教育发展贡献力量，为人师表；专业技术水平方面，一般应取得中级以上专业技术职称，专业结构要与学校专业设置相适应；在本专业领域应具有丰富的实践经验，取得一定的成果。任职标准要特别强调对"双师型"教师实践能力的考查，选择真正满足学校实践教学工作的人才。

（三）制定"双师型"教师聘用程序

"双师型"教师聘用要按照要求的程序进行，防止聘用过程中的随意性和无序性。首先，各用人部门应向学校提出聘人的具体需求，学院通过面向社会公开招聘或者直接到公司、企业聘用人才等方式确定基本符合条件的拟聘人员名单。其次，人事部门收集应聘者资料，并会同各二级教学单位负责人对拟聘教师的综合情况进行考核，考核采取试讲、深入企业考查等多种形式进行。最后，二级教学单位将最终确定的用人名单报人事部门。学校与拟聘教师签订聘用协议书，明确聘任期限，双方权利、义务、工作职责，保障学校和"双师型"教师的权益。

二、旅游管理专业教师队伍评价机制

一般认为，教师评价是对教师工作现状或潜在价值做出判断，它能促进教师的专业发展，提高教学效能；有利于建立激励机制，充分发挥教师工作的主动性和积极性；转变教育思想，推动教育改革与发展；加强科学管理，转换学校内部的运行机制。"培养"与"评价"是教师队伍建设最重要的环节。"双师型"教师的发展基点在于培养模式，可持续发展取决于评价机制。旅游管理培养"双师型"教师的根本目的还在于要改变学校原有的、不适应本专业要求、不适应"培养生产、建设、管理、服务第一线需要的应用型人才"的教师队伍现状。因此，要努力提高人才培养的质量，提升教育教学的新理念和新能力，最终达到推动专业发展的目标。

（一）旅游管理专业教师的双师素质

旅游管理专业教师的双师素质包括以下几个方面：

1. 语言能力

旅游管理专业教师应具备过硬的语言基本功，语言不仅包括口头语言，还包括态势语言、书面语言和副语言。语言是旅游从业人员在服务过程中必须熟练掌握和运用的一项技能。在旅游服务过程中，口头语言是使用频率最高的一种语言形式，美学家朱光潜告诉我们，一个人"话说得好就会如实达意，使听者感到舒服，产生美感。这样的说话也就成了艺术"。因此，旅游管理专业的教师应熟练掌握语言表达的基本形式、要领、方法，态势语言的运用技巧及导游语言的沟通技巧。

2. 业务知识水平

旅游管理专业教师应掌握旅行社经营与管理、旅游市场营销、旅游政策与法规、导游实务、主要客源国情况、景区服务与管理、旅游财务管理、旅游人力资源管理、旅游电子商务等方面的理论知识，并熟悉国际旅行社和国内旅行社的业务流程，了解旅游市场的现状及发展趋势，了解旅行企业各岗位的工作职责，掌握各类型团队的操作流程、各类型团队的带团流程及技巧，等等。

3. 综合实践能力

综合实践能力包括实训教学、实习指导以及就业指导等。旅游管理专业教师不但要能胜任理论教学，还应具备一定的专业实践能力，能承担与旅游管理相关的旅行社、旅游景区的实训、实习以及就业指导工作，对学生进行相关职业技能培训的岗位培训，从而使他们考取各种资格证书。

4. 职业技能拓展

职业技能主要包括理论知识更新、行业调研、课程开发、科研能力等。旅游管理专业教师还应不断学习和掌握旅游业新动态，不断提高专业知识水平与实践指导能力，根据区域经济发展需要，开发与毕业生就业岗位紧密相连的专业特色课程，及时更新教学重点，使培养出来的学生真正具备能适应经济与行业发展的要求，从而避免出现学非所用的现象。此外，旅游管理专业教师要定期去相关企业参加实践锻炼，走访实习实训基地，并开拓校企合作新领域，为学生顶岗实习以及将来就业搭建良好的平台。

（二）提高"双师型"素质教师的考核标准

具有讲师（或以上）教师职称是成为"双师型"素质教师的必备条件。目前，我国的专业技术职称多以理论考核为主，即使辅以实操考核，也主要考核较为基本的动手能力，因此获得专业技术职称的人员不一定具备较强的实际工作能力。然而，本专业要求学生具有熟练的实操能力，以应对日益激烈的就业压力和竞争。

（三）成立监控机构，合理配置督导人员

随着人才培养评估工作的进行，高校已经认识到"双师素质"教师培养的重要性。旅游管理专业将成立监控机构，合理配置督导人员。监控机构由人事处及管理系相关领导和相关人员组成，根据本专业需要，制定旅游管理"双师素质"教师培养规划，并上报人事处。该机构负责被培养教师的培养目标、培训内容、培训时段、培训效果信息的记录和分析。督导成员的专业构成要符合旅游管理专业的实际情况，做到知识覆盖要全面、业务要精通、结构要合理，能胜任本职工作；督导人员应包含行政领导、行业专家、一线教师（兼任）等。

（四）完善管理制度，建立多元化评价指标体系

1.管理制度

（1）"自上而下"和"自下而上"相结合的管理制度

这里的"上"指管理系，"下"指教师。教师培训的最终目标是培养专业领域内既有扎实的理论基础又熟悉行业内的技术操作和发展态势的教师，这些

教师回校后能把自己所学的专业知识和操作技能用恰当的方法传授给学生，培养学生成为一出校门就可以与社会对接的合格人才。要想完成这个目标，教师要准确理解任务目标，牢记任务完成时间。学校有关部门要监管执行、协调、帮助教师完成任务。这样，就形成了一个"自上而下"和"自下而上"相结合的沟通机制，以提升贯彻执行力，从而达到追求工作高效率的目的。

（2）学校监控与自我监控相结合的管理制度

教师自我监控和学校监控在出发点和目标上是一致的。高校教师有良好的教育经历，自我约束力强，在"双师素质"能力培养过程中，其自我监控的作用不容忽视，要积极培养教师自我监控的意识，使监控系统的作用得以高效发挥。

（3）过程监控和效果监测相结合的管理制度

"双师素质"教师的培养在重视效果评价的同时，更要重视过程监督，不能等到培养结束了才进行一次性检验，而是要对其培养过程进行严密监控，使培养目标沿着学校既定的方向逐渐完成。培养过程结束后，返校检验培养效果。

（4）全面性和长期性的管理制度

前一阶段培养任务结束，检查结果合格，经过一段时间后，可能又进入新一轮的培训环节，这一次的培训目标就上一次来说，培训内容不同，培训重点不同。接着，还可能进入第三轮、第四轮等的培训环节，目的是逐渐丰富"双师素质"教师的内涵，达到预期的培养目标。随着社会经济的发展和对科技水平要求的提高，技能操作不可能是完成一次培训就结束的静态技术，而是在不断更新、不断改进。所以，"双师素质"教师的培养制度需长期化。

2. 多元化评价指标体系

（1）评价原则

评价指标合理与否直接影响评价的客观性，为了使指标体系科学化、规范化，在构建评价指标体系时，旅游管理专业应遵循以下原则：

①系统性原则

评价指标体系中的各评价指标看似独立，实则彼此之间有逻辑联系，而且具有层次性，从里向外共同构成一个有机统一的整体，从不同侧面反映教师的能力。

②全面性原则

旅游管理专业教师应具有特殊本领，因此构建评价指标要全面，既要有评价教师基本教育能力的指标，也要有评价教师特殊本领的指标。

③动态性原则

对于旅游管理专业教师的培养效果评价也要在反复训练、反复实践、反复评估中进行，如实反映教师的教育教学能力。

（2）评价群体及评价指标

①学生评价

教师授课效果的好坏，第一体验人是学生，最终受益人也是学生，所以学生对教师进行评价至关重要。鉴于学生不懂教学管理，所以学生评价只能从教师的职业道德和授课效果给予定性评价。

②专家评价

校内督导专家有着丰富的教学经验，在评价旅游管理专业教师能力时，不仅看其专业知识和专业操作技能情况，还要从多个方面评定教师的"双师素质"资格，如科研能力、对本职工作的热情度和对本专业的贡献等，他们的评价说服力更强。

③用人单位评价

"双师素质"教师培养的目的是提高教学质量，而教学质量提高与否关键是看学生工作后用人单位对其能力的认可度。所以，用人单位评价在评价群体中占重要的位置，其可以评价教师的培训效果以及对有关行业的发展贡献。因此，可以吸收用人单位参与培训质量评价，逐步完善以学校为核心、社会参与的多元化质量评价体系。

（3）培训系统

旅游管理专业教师能力的培养，从学院师资发展规划，培养对象的确定、汇总，培训内容的计划、研究、成文，到培训结果的监控、评价、反馈等一系列工作，是一个信息量大、时间长、工作任务重的过程，需要运用系统的思维和手段进行计划、组织、实施，才能提高工作效率，取得最佳培训效果。所以，在科技突飞猛进的信息化时代，必须利用现代化技术手段，建立起完善的管理系统，高效地记录、分析、监控、评价、决策、反馈和处理各种信息和问题，从而提高管理水平和创新能力。

三、旅游管理专业教师队伍的激励机制

（一）旅游管理专业教师队伍激励机制建设的意义

"激励"是管理心理学术语，主要是指激发人的动机，使人有一股内在的动力，向所期望的目标前进的心理过程。激励机制是分配和管理制度中的重要组成部分，根据马斯洛的需求层次理论，当人的现实状态与需求目标产生差距时，建立有针对性的、有效的激励机制，便能激发人产生追求目标、满足需要的自主意识和内驱动力，这种动力无疑将有效地激发人的潜能，从而大大提高人的工作效率。

完善的激励机制有利于旅游管理专业教师队伍建设的制度化、科学化和规范化。21世纪是一个科技信息化、经济全球化、政治多极化和文化多元化的世纪。在这种形势下，社会发展一切为了人，一切依靠人，一切都离不开对人的潜能的挖掘，即是一种对人的有效激励。旅游管理专业教师属于自主性、创新

性的高层次人才群体,更注重追求自我潜能的挖掘和自我价值的充分实现。他们有强烈的求知意识,热衷于专业知识的更新,关注着学科前沿的发展趋势,渴望获得更多的教育提升机会;他们有强烈的成功欲望,愿意接受具有挑战性的工作,渴望自身才能获得广大师生的认可。因此,构建以人为本、公平合理、科学有效的激励机制来促进旅游管理专业教师的积极性、主动性、创造性的最佳发挥,积极营造尊重劳动、尊重知识、尊重人才、尊重学术成果的良好环境,使教师创业有机会、干事有舞台、发展有空间,有利于"双师型"教师队伍建设制度化、科学化、规范化,更是建立一支高素质、高技能的"双师型"教师队伍的必要条件。

建立旅游管理专业教师队伍激励机制还有利于实现"双师型"教师队伍的建设和旅游管理专业的可持续发展。围绕旅游管理专业建设发展的目标,建立有效的激励机制,有利于营造积极进取、开拓创新的群体气氛,激发教师的创造性。鼓励教师中符合战略需要的行为和观念,将专业发展目标转化为对所有教师的直接动力,抑制阻碍旅游管理专业战略目标实现的行为和观念,逐步将教师的行为和观念导向与专业战略目标统一在同一个轨道上,从而能够促进教师队伍朝着被激励的方向不断优化。同时,教师在整体素质与发展目标上要趋于一致,从而使旅游管理专业在教育市场中具有较强的竞争实力,实现旅游管理专业的可持续发展。

(二)旅游管理专业教师队伍激励机制建设的内容

1.职称评定优先化

在职称评定上积极探索,制定符合专业特点的职称评定制度,以此提高教师工作的积极性和创造性。在同等条件下,优先考虑"双师型"教师晋升专业技术职务,也可考虑将"双师型"教师资格等价于一定数量的科研成果指标。总之,旅游管理专业教师将教学能力和实践能力有机结合起来,更有利于旅游管理专业师资队伍的建设，充分体现出高校的特色和办学宗旨。

2.科研经费保障化

开放的应用型人才培养模式有利于形成产学研结合的教育运行机制。为了充分展示"双师型"教师群体的丰富实践经验，使他们的才智得到充分的发挥，学校应确立优厚待遇，加大奖励力度，设立旅游管理专业教师科研奖励基金，从而使优秀的专业教师脱颖而出。组建合理的教学团队，开展学术研究，进行新产品、新教材、新课件的研发，为该专业老师的发展提供经费保障。尤其是对于承担与旅游管理专业相关的实践项目和与企业结合的应用课题的专业教师，政府应给予政策性倾斜，这样，教师在参与教改和技术开发的过程中，一方面能够促进学术水平的提高，另一方面能够了解和掌握企业行业的生产、管理实际，为专业教学改革积累第一手资料，从而不断提高教学实践水平。

3.学术交流经常化

通过学术交流，可以开阔视野、掌握新知识，借鉴、学习新的教育理念、教学经验以及管理经验，有效地推动教学工作的发展。视情况为旅游管理专业教师提供"学术假"，有计划地分批安排他们外出以至出国学习考察，接触最先进的教育理念和最前沿的发展信息，然后通过办讲座等形式进行宣传推广。同时，提供旅游管理专业兄弟院校或国内外协作学校访问交流的机会，做到学术交流经常化。

4.基层时间制度化

目前，旅游管理专业部分老师只是获取了某个资格证，他们是直接从学校走向学校，从课堂走向课堂，缺乏旅游行业工作、实践的经验，这严重制约着高技能实用型人才培养的质量。而旅游管理专业担负着培养实践、管理等第一线应用型人才的重要使命，这要求旅游管理专业教师既要有一定的理论教学水平，还应该有丰富的实践经验和较强的实践教学能力。因此，我们应切实落实专职教师基层实践锻炼制度，通过积极参与企业实践、培训或应用研究等活动和方式，及时了解、掌握与理论教学相关的实践知识和技能，并传授给学生。

5.能力培养常态化

教学质量是学校教学工作的生命线，提高专职教师的教学能力是高校提高教学质量的根本保证。旅游管理专业的发展，要求必须建立一支既有扎实的专业基础知识和教育理论素质，又有丰富实践经验和较强专业技能，并且具有教育和管理双重知识和能力结构的教师队伍。职业道德教育能力是根本，教学认知能力、实践操作能力是基础，教学设计能力、教学组织能力和教学评价能力是核心，教学研究能力、面向社会服务能力和教学资源建设与利用能力是保证，教学创新能力是升华。旅游管理专业教师必须在实践中不断培养和提升职业教育教学能力。因此，旅游管理专业应积极开展教师教学培训、教学改革、研究交流、质量评估、咨询服务等，从而将培养教师能力作为常态化工作，切实提高教学能力和水平。

6.激励机制全面化

在建立旅游管理专业教师队伍激励机制的过程中，应克服内容设计片面、工作措施单一的弊病，努力构建丰富完备的激励机制。不仅要坚持目标激励、物质激励，还要采用情感激励的方法，充分发挥各种激励措施的优势，努力产生多种激励措施策略优化组合的最大合力。

（1）物质激励

物质需求是人最基本的需求。旅游管理专业将其当作调动教师积极性的动力，给予充分重视，用物质激励来调动教师的积极性。

①积极帮助教师解决工作困难

改善教师的办公、教学环境，提供必须配置的教学仪器设备，丰富图书资料，完善现代化教学手段等，为教师创造较好的物质基础，激励教师坚守岗位、多出成果。

②在生活上为教师解决后顾之忧

教师在生活上最大的困难就是住房问题和子女上学问题。针对这些问题，学校需要进行"凝聚力工程"建设，实施"安居工程"，解决好教师的住房困难问题，提供生活配套服务设施，开展送温暖活动，帮助教师解决子女入托、入学等问题。

③采取一定的薪酬奖励策略

对于工作出色、教学研究成果显著的教师，给予一定的提成奖励，体现多劳多得的分配原则，最大限度地激励教师勤奋工作。

（2）精神激励

"精神激励"是人成长需要的基本内涵。马斯洛在他的需要层次理论中讲的自我成才的需要中尤其强调：人在较强烈的、高层次的需要没有满足时，会舍生忘死地追求，从而产生强烈的激发力量，且随着自我目标实现的需要，又会给自己树立新的个人理想和崇高信念。

①学校要形成"尊师重教"的良好氛围，树立教师在学生、家长和社会上的威信，使教师能够"自我肯定"，激发教师积极向上的情感。②创建良好的人际关系是营造教师良好心理环境的基础，使教师保持健康的心理状态，从而增强凝聚力和向心力，提高工作热情和工作效率。③专业领导要慧眼识珠，知人善用，使教师队伍中的有才者有用武之地，发挥最大效能。④专业领导要鼓励和支持教师参与本系的管理工作，增强教师的主人翁意识。让教师参与本系重大问题的决策和管理，这样可以极大增强教师当家做主的意识和工作责任心，激发他们的主动精神和创造才能，同时有助于他们产生一种肯定的、积极的态度，进而形成一种内在的驱动力。

（3）目标激励

目标是引发动机的外部条件。对教师而言，目标是在一定时期内完成的工作任务。适当的目标具有诱发、导向和激励行为的功能，能够激发教师的工作积极性、主动性和创造性。

①目标的制定要尽可能同教师的各种需要有机地结合起来,使教师的个人需要和学校的目标紧密相连。②目标的设置要有科学性。目标要难度适宜,最佳目标应该是乍一看似乎很难,但是稍加努力就可能达到。目标应该是既有可行性,又有挑战性。目标若没有挑战性,就没有激励作用。③目标的设置要明确、具体、有层次。既要有远景的奋斗目标,又要有近期的奋斗目标;既要有学校的目标,又要有本专业各位教师的目标。尽可能考虑到不同教师的认同感,有针对性地激励教师通过自我努力取得成就,满足需要。

第三节 旅游管理应用型人才协同培养模式实践

一、旅游管理应用型人才协同培养模式实践现状

高等学校要想提高人才培养质量,需要加强实验室、校内外实习基地、课程教材等基本建设,深化教学改革,推进和完善学分制,实行弹性学制,促进文理交融。此外,还要支持学生参与科学研究,强化实践教学环节等,同时提出高等学校人才培养体制改革的一系列举措,加强学校之间、校企之间、学校与科研机构之间的合作,形成体系开放、机制灵活、渠道互通、选择多样的人才培养体制。

坚持探索建立校校协同、校所(研究所)协同、校企(行业)协同、校地(区域)协同、国际合作协同等开放、集成、高效的新模式,形成以任务为牵

引的人事聘用管理制度、寓教于研的人才培养模式、以质量与贡献为依据的考评机制、以学科交叉融合为导向的资源配置方式等协同创新机制。全面提高高等教育质量、提升人才培养质量是我国新时期高等学校教育发展和改革的重要任务与目标。

随着我国旅游产业的快速发展，中国成为世界最大的国内旅游市场。中国政府将旅游业放在了促进经济发展、促进改革开放、促进结构调整和促进改善民生的战略地位上。旅游业的快速发展对于旅游管理专业人才的需求并不仅仅停留在对基层服务人员的需求上，更需要大量的基层管理者和高技能专业人才。旅游业在快速发展的同时，对旅游教育提出了更高的要求，因此高校旅游管理专业人才培养需要与时俱进，适应旅游行业的发展；探索建立高校分类体系，制定分类管理办法，克服同质化倾向；根据办学历史、区位优势和资源条件等，确定特色鲜明的办学定位、发展规划、人才培养规格和学科专业设置。因为高等教育的层次性、专业性、培养目标的多样性决定了高校人才培养的个性特征，所以高校应该结合自身实际，探索出具有自身特色的旅游管理专业人才培养模式。

实践证明：只有把高校的发展、专业的建设与国家和地区的经济发展紧密结合，办出特色和水平，培养出来的学生才能找准位置，适应环境，为社会做出应有的贡献。

（一）适时调整人才培养方案

人才培养方案是实现培养目标、提高人才培养质量的关键所在，以校企合作、协同培养为根本，理论与技能培养相结合，以促进就业为导向。校企合作、协同培育是社会发展的需要，也是现代应用型人才培养的需要。为了培养适应现代旅游业发展需要，德、智、体、美、劳全面发展，面向我国旅游产品生产、营销策划、旅游业服务和管理第一线的高素质技能型专门人才，学生需要具备较高的现代管理理论素养和系统的旅游管理专业知识，具有人文素质、国际视野、创新意识、创业精神、实践能力和社会责任，能在各类旅游相关企事业单位以及教育和研究机构等从事经营、管理、策划、咨询、服务等工作。因此，在对旅游管理专业学生进行调查了解、组织教师走访旅游企业、进行学习了解等的基础上，基于就业应用型人才的培养目标定位，旅游管理专业形成了"一条培养主线（培养就业应用型人才）、两种资质证书（学历证书和职业资格证书）、三个实践训练（社会实践、校内实训、企业实习）紧密相连，产学研一体的"培养思路。

（二）积极开展校内外实验、实践教学基地建设

针对旅游管理专业实践性强的特点，高校十分注重发挥教学实验实践环节在教学中的作用。旅游管理专业建立了专业认知见习、实验教学、专业实习和毕业实习四个层次的实践教学平台，着重培养学生的实际操作技能。

1.专业认知见习

学校根据课程教学实际，安排若干学时，在学生入学的时候，对学生进行专业"双介绍"，即一方面由专业教师进行专业介绍，另一方面由企业人员进行相应行业、就业方向等方面的介绍。例如，第一学年的第一学期到相关旅游企业进行至少为期两天的实地考察，并采用参观、现场教学、见习、观看录像等手段，使学生对今后的工作产生感性认识，同时结合专业基础课的学习，通过组织学生考察本地旅游线路的组合及线路上的景区（景点）、饭店、旅游交通、导游过程、旅游购物商店等，使学生初步了解旅游管理专业所涉及的操作、管理环节和系统，为进一步学习专业理论打下感性认识基础，提高学生对专业课的理解，激发学生的专业学习兴趣。

2.实验教学

旅游管理专业拥有一支结构合理、分工明确、实验教学经验丰富、专业技

术能力强、人员相对稳定的实验教学与管理队伍，为实验教学计划的实施提供了强有力的保证。实验教师由专任教师和各专业骨干教师组成，主要负责实验、实训课程的策划、设计、实施以及实验指导工作。实验教师以服务于实验教学需要为前提，根据实验需要进行跨专业的组合，实现灵活、动态分工协作，完成各类综合实验课程。实验技术人员主要负责实验中心各类仪器设备的安装、调试、维护、维修以及实验环境的准备和维护。实验管理人员主要负责实验中心的日常管理工作，包括实验课程的安排、实验室资产管理、实验安全与卫生管理、资料整理、对外联系与交流、对外服务等。

在实验课程设置方面，旅游管理专业现在开设有四大类实验课，包括基础实验、综合性实验、设计性实验和创新性实验。同时，旅游管理专业开设了旅游经营综合实训、酒店管理实训、旅行社经营与管理实训等专门的实验课程，还在生态旅游学、旅游心理学等相关专业课程中开设了相应的课程实训学习环节，这类实验根据课程教学进度及时安排，做到了学完就实践，强化了理论教学的效果。

3.专业实习

专业实习主要由导游业务实习、旅游景区管理实习、酒店实习、毕业实习组成，一般在实习基地进行。经过多年实践与合作，旅游管理专业已有一批相对稳定的高质量的校外实习基地，使学生能够前往旅行社、饭店、旅游景区等相关旅游企业进行学习。

4.毕业实习

毕业实习安排在毕业前的最后一个学期，学校成立专业的实习指导小组，指定专门的实习指导教师，对学生的整个毕业实习过程进行指导与管理。为了保障实习的质量，制定了严格的实习考核表，实习结束后要求学生提交一份毕业实习报告，保证实习报告在如实反映实习情况的基础上，可以围绕实习所在单位的某一专题进行选题。实习报告要有基本内容，更要有特色内容；要有一般性分析，更要有重点剖析。实习报告还可以在企业有关人员的指导下，对实习单位某一方面的经营管理现状和存在的问题进行较为系统的分析，并提出改进工作的建议，进行对策性的研究。通过毕业实习，让学生对整个大学期间所学理论知识有更深入的理解，进一步提升学生理解问题、分析问题、解决问题的能力，同时，明确了学生的就业意向，使其为更好地适应毕业后的就业岗位打下了基础。

（三）高素质师资队伍建设

通过与校外实践教学基地和合作企业的充分沟通，旅游管理专业建立了一支具有现代教学理念的高素质教师队伍，这支旅游管理专业教师队伍不仅具有良好的教学科研能力，在实践方面也具有丰富的经验。高素质的教师队伍不仅能传授理论知识，而且在学生实习过程中也能起到很好的指导作用，对保障旅游管理专业实习取得良好效果有着积极作用。

（四）旅游管理专业的各类活动或竞赛

第二课堂是学生课内学习的延续，是第一课堂以外的全部学习活动。第二课堂与教学活动是一个相互呼应、相互渗透、共同作用的教育过程。第二课堂活动是教学活动的补充和延伸，它有利于培养学生的创新思维、竞争意识和良好情操。为了进一步提高学生的专业学习兴趣和技能，学院或者协会可以适时地组织旅游相关的各类活动或者专业竞赛。例如，旅游酒店服务职业技能竞赛、红色旅游线路设计竞赛、一路"游"你之旅游展示比赛、导游证考试经验交流会等。活动或者竞赛可以与相关旅游企业通过各种合作方式开展，这样可以拓展校企合作的空间与方式。而且，学院还可以适时邀请外校知名相关专业教师或旅游企业家等举办专业讲座，进一步拓展学生的专业视野。

二、协同培养成效

协同培养成效主要表现在以下几个方面:

(一)学生的综合素质提高,实际应用能力提升

首先,通过对校企合作、协同培养的人才培养模式的探索与实践,不仅使学生树立了正确的世界观、人生观和价值观,提升了学生的思想道德素质,而且使学生认识和了解了酒店、旅行社、旅游景区这一特定旅游从业环境,充分认识到将来所从事的旅游职业的性质。

其次,通过对校企合作、协同培养的人才培养模式的探索与实践,强化了实践教学,使学生树立了良好的职业道德和服务意识,培养了学生吃苦耐劳的精神,锻炼了学生坚强的意志品质,提高了学生在酒店、旅行社、旅游景区这些特定旅游从业环境中与人相处、广泛交际的能力。

最后,通过对校企合作、协同培养的人才培养模式的探索与实践,学生掌握了酒店、旅行社、景区的运作程序,通过参观学习和实际操作,达到了理论联系实际的目的,巩固、加深、拓展了专业理论知识,提高了分析问题、解决问题的能力,提升了服务与操作技能技巧,为毕业后从事旅游及其相关行业奠定了良好的职业基础。

总之,通过对校企合作、协同培养的人才培养模式的探索与实践,学生掌握了专业技能,提高了应用能力,综合素质得到全面提升。

(二)旅游管理人才培养质量得到广泛认可

以应用型人才培育为核心,"始了解、中实训、末实习"的校企合作、协同培育的人才培养模式,在塑造大学生的健康人格和培养应用型大学生的综合素质方面发挥了积极作用,得到了学校、企业、学生的广泛认可。

通过对校企合作协同培养的人才培养模式的探索与实践，旅游管理专业学生的综合素质大幅度提升，提高了本专业学生的就业率，获得了学校方面的好评。

通过对校企合作、协同培养的人才培养模式的探索与实践，合作的实习基地领导或负责人对旅游管理专业实习生的表现都给予了高度好评，凡是通过校企合作培养的毕业生，毕业后可以直接选择回到原实习单位工作，并可以免试用期直接成为正式员工；在实习期间被旅游企业评为优秀实习员工的，直接被聘用为基层管理者，从而进一步巩固了校企合作的平台。

另外，通过对历届旅游管理毕业生的相关调查发现，学生对"始了解、中实训、末实习"这一人才培养模式表现出了高度认同，特别是对其中的顶岗实习给予了高度评价。这一培养模式促使学生有效地将理论与实际相结合，提高了学生的实践动手能力，这与社会对旅游管理专业人才应用的素质要求是相适应的，从而使旅游管理专业学生在毕业后能更好、更快地适应工作岗位的要求。

可见，在校企合作、协同培养模式改革的探索与实践中所建立起的协同培养机制，有效地支撑起了应用技能型人才培养模式，使学生在校期间就可以掌握一定的专业技能，收到了校企直通的成效，使学生的就业竞争力进一步增强。

（三）培育了高素质的"双师型"教师队伍

通过校企合作、协同培养的人才培养模式实践的前期努力，培育了强大的师资力量，学校在旅游管理专业成立了专业实践教学团队。首先，通过聘请旅游行业精英为旅游管理专业的学生和老师开展专题讲座或围绕专业热点话题召开讨论会，增加企业、学生和老师之间的交流，不断开拓学习互动的形式。其次，启动教师企业工作行动计划，采取参与课题研究、国内旅游院校进修、企业管理挂职锻炼的方式，不断提高专业科研能力和教学水平，以实习基地为支撑，让专业实践教学的相关教师能够去企业学习锻炼，而且专业教师在参与实习基地工作的同时，还承担实习基地相应课题研究，提升了教师个人的专业技能和科研水平。最后，让专业教师指导学生参加各类旅游管理专业竞赛、暑期"三下乡"活动、大学生创业创新项目等，并取得了不错的成绩。

通过校企合作的深入，充分利用企业人力，整合社会和行业资源，以构成与人才培养方案相匹配的双师结构团队，并聘请企业"行家里手"充实到教师团队中，设立兼职教师"课时费补贴"制度和兼职教师管理制度，加强专任教师和兼职教师的相互交流、相互促进，提高课程实践、专业实习的教学水平，而且积极安排专业教师通过考取行业职业资格、参加"双师"资格认定培训、参与下企业挂职锻炼等方式，不断强化专业教师的"双师"水平。按照满足需要、结构合理、专业素质良好、具有敬业精神和创新能力的建设思路，本专业已经建立了一支高素质的"双师型"教师队伍。

（四）院系获得了科研项目、建设经费

通过校企合作、协同培养的人才培养模式的多年实践，旅游管理专业教师的不断努力，再加上学校领导对旅游管理专业建设的大力支持，旅游管理专业在院系获得了一批科研项目、建设经费。"始了解、中实训、末实习"的校企合作、协同培育的人才培养模式的实施与推广为这些科研项目、建设经费的获准成立提供了平台支撑。同时，相关科研项目的开展为校企合作、协同培养的人才培养模式实践提供了理论上的支撑，从而使得该人才协同培养模式在理论研究和实践应用上取得了显著的成效。

第七章 旅游管理人才培养实践

第一节 "互联网＋"时代背景下旅游管理专业学生职业能力培养对策

大学生职业能力培养，离不开学校的课堂教学，离不开企业的实践平台，也离不开学生的自身努力。因此，加强"互联网＋"时代背景下旅游管理专业学生职业能力培养，需要学校、企业和学生上下联动、共同努力，这样才能解决在教学、实践、运用等方面存在的问题，为学生成长成才提供体系保障、资源保障和就业保障。

一、与时俱进，把握"互联网＋"时代旅游行业职业能力新要求

促进旅游管理专业学生职业能力培养，需要充分厘清"互联网＋"时代旅游行业用人最新要求。现将"互联网＋"时代旅游行业职业能力可能的新要求大致呈现如下：

（一）职业素质方面

职业素质影响了劳动者在行业的工作状态，在一定程度上决定了劳动者在

行业的发展状况。旅游管理专业学生如果在入职后能够表现出较高的职业素质，相信在今后发展中能够更加顺遂。旅游无国界，在全世界依托互联网更加互联互通的今天，旅游行业要求从业者具备互联网思维、国际化视野，要善于接受新事物。随着全域旅游的提出和不断发展，旅游行业需要从业者能够冲破领域限制，有跨界学习、发展的意识和能力，以更好地适应社会发展，更好地完成本职工作，从而促进旅游行业的进一步发展繁荣。

（二）职业胜任力方面

结合专业性质和岗位实际，普通高校旅游管理专业学生应当具备旅游行业基本的职业需求要素，如具备基本的职业道德，掌握旅游服务的基本知识，熟悉相关法规政策，掌握基本的语言能力、应变能力，具备相应岗位的沟通交流和服务技能等，这些都是旅游管理专业学生毕业后顺利走上任职岗位的资本和根基。但是要想在旅游行业有更好、更长远的发展，提升在行业中的竞争力，旅游管理专业学生需要进一步提升自身的创新能力和方法能力。

在这里，我们可以将创新能力理解为满足不断变化的社会需求，利用互联网技术对旅游行业进行改进或创造新的旅游产品或旅游服务等，并能收获一定成效的能力。例如，创新个人的工作方法、创新旅游规划、创新营销手段、创新旅游产品等，都能在"互联网＋"时代为个人绩效和行业收益提供很大帮助。方法能力指的是使用新技术解决新问题的能力。"互联网＋"时代在为旅游行业带来更多机遇和便利的同时，也带来了新的难题和挑战，如果还用传统的方法来解决问题，肯定是存在诸多限制的。因此，学生具备信息处理能力、分析判断能力、灵活应变能力等解决问题的能力，在"互联网＋"时代变得尤为重要。

在职业生涯管理能力方面，一个人要持续发展，需要对自己的职业生涯进行计划和管理。旅游管理专业学生想要在旅游行业实现长足发展，就需要有详细的职业生涯规划，不断探索和总结前期工作存在的不足，及今后职业发展的走向，建立短期、中期、长期的职业目标，从而提升自己的行业竞争力，使自己立于不败之地。同时，学生要不断提升学习能力，树立终身学习意识。在"互联网＋"时代的牵引下，相比于传统旅游行业，今天的旅游行业已变得更加包容、便捷、多样和灵动，很多新兴产业和元素还在不断地与旅游行业融合。学校的教育受师资力量和教育环境的限制，难以跟上不断更新进步的企业需求。这就要求学生在掌握基本职业能力的同时，还要具备继续学习，会应用新技术和适应岗位变化的能力，如物联网技术、信息技术、网络新媒体营销等，都是需要在走上岗位后进一步学习和掌握的。

二、顺应时代要求，深化教育教学改革

在"互联网＋"时代，随着互联网技术的发展和社会需求的改变，传统的教学模式将被颠覆。学生获取知识的渠道不再仅依赖于课堂，社会对学生的需求也不再局限于专业知识。因此，在时代的浪潮下，学校和教师都应主动从传统教学中跳出来，适应时代及时做出调整和改变。

（一）修订培养方案，优化课程体系

高校在旅游管理专业学生的培养上要进一步明确培养目标，优化课程体系设置，使其尽量适应产业需求，结合时代需求和学生特点，制定科学合理、有针对性的课程体系。对于课程体系设置来说，要结合企业用人需求，从某一岗位需要的能力素质出发科学设置合理的课程。优化课程体系设置，应以培养新型旅游管理人才为出发点，以提升学生就业核心竞争力为目标。培养专业基础扎实、实践能力突出、职业道德优良的综合型人才，需建立集职业素质、职业知识、职业技能于一体的职业能力培养课程体系。在课程设置时不需要刻意追

求理论的完整性，而是要达到理论为工作实践服务的目的。因此，可多设置实践能力锻炼和实际技能训练的环节，使实践能力不只靠毕业前几个月的实习来培养。

还有一方面我们不得不注意的是，在"互联网＋"时代，高校在课程设置上应当增设与互联网相关的课程，如旅游电子商务、App 运营等相关课程，培养学生的互联网思维，提升学生利用互联网的能力和水平。同时在职业能力培养的同时，还要注重学生职业道德和职业精神的教育和塑造，可针对不同阶段的学生开设适合本阶段的道德修养课程，开阔学生的视野，帮助学生树立正确的价值观、事业观，为其顺利从事旅游行业的工作打下坚实的思想基础。

（二）加强课程教学，打造旅游"金课"

教学内容设置上要着眼社会需求，及时调查用人单位对大学生职业能力的需求，不断加强课堂教学，淘汰低阶性、陈旧性和不用心的"水课"，打造一批高阶性、创新性、挑战性的"金课"，使院校教育能够与时俱进，持续推动旅游管理专业人才培养上新台阶。在"互联网＋"大背景下，要将信息技术融入旅游管理专业的教学内容中，培养学生在新时代背景下的旅游服务思维，拓展学生在网络技术运用方面的能力。例如，旅游市场营销可融入新媒体营销内容，指导学生学会使用微博、微信公众号等新媒体技术；导游业务课程中可加入智慧景区讲解的内容；旅游规划课程中可加入智慧景区规划建设的内容；等等。条件允许的话，还可增设互联网经济课程融入酒店管理、旅行社管理等专业课，在帮助学生对互联网经济的概念和特点规律有一个整体认识的同时，使教学内容也变得更有针对性。

同时，对于已经落后于时代发展的内容则要及时进行更新，例如有的课程现在用的还是十几年前的教材，内容必定会有一些是不符合新时代的需求的，对于这部分内容就要结合时代发展及时进行更新，才能有助于学生了解到最新的行业现状，学到最实用的行业知识。

（三）运用网络技术，创新课堂教学

教育创新，培养创新人才，必须解放思想，创新教育观念。互联网时代就是一个创新驱动的时代，创新能力的价值和重要性在一定程度上不亚于专业能力，因此在培养学生专业能力的同时，还要注重培养他们的创新能力。所以，教师首先要提升自己的创新能力。这就要求教师在强化自身教学能力的同时，还要努力突破传统束缚，紧跟时代改变教学理念和创新教学方法。

新时代大学生的个性都比较强，对待事物和问题都有自己的理解和看法，"填鸭式"的教学方法已无法满足学生对课堂的需求。因此，在方法上，教师需要改变传统的"大包大揽"的教学方式，在传授专业知识的同时，还应将问题抛出，让学生自己上台来讲对问题的认识和解决办法，培养学生独立思考和解决问题的能力。例如在导游业务、酒店管理等专业课授课时，可以设置情景和要求，让学生自己组队，分别扮演导游、游客、酒店管理者、酒店顾客等身份，通过模拟情景的形式，使理论与实践相结合，帮助学生加深对专业知识和岗位的理解和认知，同时角色扮演也可帮助学生发现自身能力素质与实际岗位要求之间的差距。

随着"互联网＋"时代的发展，网络教育、虚拟社区与现实课堂有机结合的新型教育模式不断涌现。在不久的将来，数字化学校、数字化教室、网络课堂、远程学习、在线教育、云教育、云计算、大数据等交互式学习平台，游戏化学习、远程视频教学等将成为新的主流学习途径。因此，在教学方式上，教师应把研究重点放在互联网学习平台上，积极提高网络教学能力。在今天的互联网条件下，可以利用学生普遍喜欢的短视频、公众号、朋友圈等形式，将专业知识与新媒体融合，增强专业知识的时代性和趣味性。充分利用现代教育技

术,以学生感兴趣的方式将专业知识表达出来,把"被动学"转变为"主动学"。

三、注重校企融合,打造新型教师队伍

(一)建设一支具备互联网精神的高质量教师队伍

教师在学生学习、就业、成才道路上发挥了十分重要的作用,因为教师不仅教会了学生理论知识,更是学生进入行业领域的启蒙者和引路人。在"互联网+"时代,越来越多的事物与"互联网+"融合并产生大量的化学反应。旅游管理专业教师在时代发展的浪潮中要不断培养互联网精神,运用互联网服务教学工作。只有教师具备足够的互联网精神,才能影响和感染青年学生。

教师是否具备互联网精神,体现在其在教学过程中是否运用新媒体教学技术,是否运用互联网服务课程教学,在教学内容上是否能够与时俱进地融入互联网相关内容等。因此,高校需要不断加强教师运用互联网技术的能力;定期对教师进行专业素养考核,考核内容增加"互联网+旅游"的最新产物;对旅游管理专业教师进行教学监督,比如检查其使用的教材是否是最新的,教学过程中是否能够有意识地培养学生的互联网精神等。

百年大计,教育为本。教育大计,教师为本。我国高校要努力打造一支专业理论功底扎实、具备互联网精神、敏锐把握时代发展变化的高素质教师队伍,为培养新时代高素质旅游管理人才奠定坚实基础。

(二)建设一支具备旅游从业实践能力的高水平教师队伍

教师队伍的能力素质和专业水平,直接影响着学生的职业能力培养和建设。因此,要想培养一批高素质的应用型旅游人才,建立一支高质量的教师队伍是关键。"双师型"教师需占专业课教师总数的一半以上。旅游管理专业作

为一个应用性很强的专业,对教师的能力素质也提出了很高要求,所以高校要多措并举打造"双师型"教师队伍。"双师型"教师一方面是要具备扎实的理论功底,对旅游业知识有清晰的认识;另一方面是要有丰富的从业经验,特别是要有娴熟的实际操作能力。例如瑞士洛桑酒店管理学院,教师都要接受严格的选拔。绝大多数教师都有丰富的工作经验,学院实行高薪资制并且鼓励教师一专多能,允许教师在企业中担任一定的职务,保证了教师队伍始终处于高水平状态,保证了教师不脱离经营管理实践,保证了洛桑管理模式的生命力。这对于我们加强教师队伍建设和旅游管理专业学生职业能力培养带来了一定的启示。

目前高校旅游管理专业教师多是在研究生(硕士或博士研究生)毕业后直接到学校任职的,旅游理论知识的功底较为扎实,但在从业经验和实践能力方面较为欠缺。因此,要想打造一支以能力为重的高质量教师队伍,就必须提升教师队伍的能力建设。学校可采取"引进来、走出去"策略,"引进来"是指积极引进具备"互联网+"时代丰富从业经验和旅游理论任教能力的"双师型"教师;"走出去"是指加强教师同地方企业的联系,条件允许的情况下,可分批次定期派遣教师赴企业进行学习培训,有助于其现场了解行业的需求变化,并锻炼更新实际操作能力。另外还可邀请走在"互联网+旅游"领域前列的旅游管理人才定期来校授课辅导,形成专业人士融入教学活动的长效机制。请专业人士向教师传授旅游工作中的具体实践经验,全面提升教师的知识结构体系,进一步加深教师对行业的认知,增强教师的岗位实际能力。

(三)打造一支教学精湛、科研创新的教师队伍

教学与科研是高校教师的两大任务。除了教学,科研是教师紧跟行业发展趋势、学习先进经验、研究发展新问题的重要途径。针对当前高校旅游管理专业教师科研视野前瞻性、先进性、国际性不够的情况,高校应适当地引进高层

次旅游管理专业教师，使教师队伍合理化、健康化。发挥高层次人才的科研能力和水平，组建科研团队，不断增强科研创新的本领和能力，针对旅游行业发展过程中、旅游管理专业学生培养中的新问题、新现象进行重点研究。同时，引导旅游管理专业教师积极参加旅游行业实践、学习，了解行业发展情况、市场需求，增强对时代发展、对旅游行业发展的认识和了解，准确把握时代脉搏，以科研促教学，用最新的科研理论指导教学，培养能够应对时代发展、符合市场需要的高能力、创新型、复合型人才。

四、产学融合，强化学生实践能力的培养

"互联网＋"时代的旅游业相比于传统旅游业融合了更多新元素，并且在网络各大运营商的支持下，游客的选择更多样也更自由，游客对服务的需求也不再仅仅是满足于物质和口头疑问的解决，而是更加注重整个过程的旅游体验，包括旅游规划、出行方式、饮食和娱乐消费等，都会直接影响到游客的满意度。因此，学校在培养学生专业能力的同时，还应注重培养学生的实践能力、职业素养等方面。同时在高校对于旅游管理专业学生的培养中要实施好"1＋X"证书制度，鼓励学生在校学习期间不断加强学习，在取得学历证书的前提下，努力考取旅游行业就业所需的证书，如中英文导游证、饭店从业资格证等。

（一）深化校企合作，完善实践教学体系

实践教学是实现高等院校培养目标的主体性教学之一，实践教学基地是培养应用型专业技术人才的基本支撑条件，实践教学体系构建和实践教学基地建设的成功与否，是高等院校能否真正培养出适应社会经济发展需要的应用型专业技术人才的关键。企业实践恰恰是提升学生实践能力的重要环节，校企合作是目前我国高校实现这一环节的重要形式，所以高校要努力推动校企全面深度

合作。在当前"互联网+"时代,培养旅游管理专业学生不仅要求学生去传统的旅游企事业单位见习、实习,同时应当与旅游电商企业建立实习合作关系,引导学生把握时代发展前沿信息,培养学生的互联网思维和运用互联网解决实际问题的能力。

(二)强化合作意识,培养团队精神

旅游既是大产业,又是大民生,要大力发展全域旅游和乡村旅游、研学旅游、休闲旅游、康养旅游等业态,大力改善旅游场所的基础设施,提高旅游场所的接待和服务水平,使旅游环境更加个性化、舒适化和便利化。旅游涵盖吃、住、行、游、购、娱六项基本要素。在旅游服务过程中,旅游行业从业人员需要与不同旅游相关企业合作,所以团队协作意识与能力是旅游人才必备的素质之一。在互联网阶段,旅游服务整个工作环境是开放的,其涉及多个环节、多个人员相互配合。因此,高校应对学生进行团队协作能力方面的培训,主要在于以下三个方面:一是在教学过程中通过各种方式向学生渗透团队协作的重要性。二是在课堂教学中有意识地布置需要团队配合才能完成的作业。但根据教学实践,需要注意的是有些学生不积极参与,完全依赖他人,结果影响全组同学的积极性,这一点需要经过精心的安排进行规避。三是开设有利于培养学生团队协作能力的拓展训练课程。

(三)增强责任意识,培养爱岗敬业精神

旅游业作为服务性行业,最重要的就是做好顾客的服务工作,建立与顾客之间的关系。这就对从业人员的职业素质提出了很高要求,从一些角度来说,做好长期的服务工作,良好的职业素质比专业能力更为重要。但是现在多数大学生都是独生子女,在上大学之前都过着娇生惯养的日子,服务意识和吃苦耐劳意识相对来说都较为欠缺。因此,在校期间培养学生的职业素质同样十分重

要。"互联网＋"时代各行各业都在迅速发展，很多新兴行业对年轻的大学毕业生来说都极具诱惑力，为了引导学生专注于旅游业，高校首先要引导学生热爱自己选择的旅游管理专业，认识到旅游业未来发展的广阔舞台和无限机遇，逐渐帮助学生树立起干一行爱一行的敬业精神，使学生愿意长期从事旅游行业并为之付出自己的青春和努力，这样学生才能更好扎根岗位、建功岗位。其次要培养"线上线下"双服务的服务意识，"互联网＋"时代除了传统的与游客面对面的服务，还需要利用互联网增加线上服务。相比线下服务，线上服务更加抽象和复杂，要想通过网络在千里之外向游客介绍清楚服务的特色并解答游客的问题，必须更有耐心和诚意，才能让游客更乐于接受服务。

五、学研结合，强化学生创新能力培养

（一）增强学生文化底蕴

文化是旅游的灵魂，旅游是文化的载体。旅游是服务窗口，旅游行业从业者是中华文化的传播者。高校在培养旅游管理专业学生过程中要注重学生文化素养的培养，努力增强学生的文化底蕴，引导青年学生弘扬中华民族优良的传统文化，传播中国先进文化。高校要在课程设置上增设诸如中华古代诗词鉴赏等相关课程；要将第一课堂和第二课堂进行深度融合，利用第二课堂的隐性育人功能加强学生文化素养的教育和培养；要树立"互联网＋"思维，利用网络搭建平台和载体，促进青年学生教育。高校要让优良的传统文化、先进文化等进课堂、进寝室、进网络，让青年学生受到先进文化、优秀传统文化影响，从而真心认同、真诚推介、真实弘扬。

（二）着力提升学生创新能力

在互联网时代，无论是对于国家、企业还是个人，创新都已经被放在了十分重要的位置。但是从我国传统的应试教育来看，由于长期以标准答案作为学生考核标准，大部分学生缺乏创新思维和创新意识，往往是擅长做题而创新能力不强。因此，高校在教学过程中要把学生的创新能力培养作为重中之重。

一是在考核标准上弱化标准答案带来的束缚，更加注重学生的个性和创造。传统的考试方式，注重的是对标准答案掌握情况的检验，考验的是学生的背记能力。长此以往，学生便养成只要把答案记下来就可以的惯性思维，在标准答案搭起的框架内，逐渐失去了自己的思考和个性。因此，高校应提倡自主学习和考核方式的创新，在设计考核内容时，应给教师和学生更大的自我发挥空间，可采取开放式考核和课题式考核的方式，不设置统一的标准答案，考核的是学生的独立思考和创新能力。

二是在日常教学中培养学生的创新意识。传统教育"满堂灌"的教学方式，一方面缺少师生互动，不利于学生掌握吸收；另一方面为了赶上授课进度，限制了学生对知识的领悟和思维的发散。因此，在日常教学中，教师应注重在课堂上留出一些时间去引导学生自主学习和独立思考，与"学少悟多"的方式相结合，培养学生的思维能力。同时在授课中应加强对创新意识重要性的灌输，逐渐改变多年以来传统应试教育对学生思想的禁锢，让创新意识占据学生的思想高地。

三是构建创新成果奖励机制，鼓励学生敢于创新、乐于创新。以奖促学，是激发学生学习动力的有效方式之一。长期以来，高校都把培养和奖励重点放在传统教育上，而对创新成果的宣传奖励力度相对较小，在一定程度上也限制了学生创新创造的热情。构建奖励机制，一方面是为了鼓励学生大胆创新；另一方面则能为学生提供物质和精神上的支持，让学生切实感到学有所获、"创"有所成，真正激发学生创新的动力。构建创新成果奖励机制，应做好以下几点：

一是要建立畅通有效的创新成果展示渠道，例如可在校园网设计创新成果投稿专栏，让学生可以有渠道将自己的新想法、新研究、新技能等创新成果展示出来。二是要建立公平可靠的评审机制。学校要从各学院挑选专家老师组成一支评审团队，每半年或每年对学生上报的创新成果进行评审，评选出各专业领域创意新颖且有参考价值的创新成果。三是奖励、表彰，对敢于创新、积极创新的学生要通报表扬，加强学生对创新的重视；对创意新颖且有实践价值的创新成果则要进行宣传学习和实际运用，大力提升创新给学生带来的获得感和成就感；将创新创造和学生的考核评定结合起来，例如可增加学分、评奖评优优先考虑等，把创新创造转化为看得到的肯定和利益，从而进一步增强学生创新创造的积极性。

（三）深度提升学生自主学习能力

"互联网＋"背景下，各行各业都在向多样化、现代化发展，其中旅游业是表现最为明显的行业之一。在网络技术和电商技术快速发展的背景下，每隔一段时间就会有新的服务和新的知识融入旅游业，如果没有很强的自主学习能力，就很难跟上行业发展的脚步，很难在岗位上得到进步和发展。因此，"互联网＋"背景下，要培养旅游管理专业学生的职业能力，就要培养学生自主学习的能力。

首先，要培养学生的学习意识。一方面是要让学生认识到行业发展的多样性和不确定性，以及自主学习能力的重要性；另一方面是教师在授课时，要注意引导学生主动学习，让学生主动去思考问题、寻找办法，在完成教师布置的作业的过程中，培养学习意识。

其次，要培养学生的学习能力。一是要培养学生的分析判断能力。在遇到新知识或者新问题时，要先进行分析判断，找到正确、高效的解决方法，才能事半功倍，否则就会事倍功半，甚至还有可能酿成错误。二是要培养学生主动发现问题并解决问题的能力。"互联网+"时代旅游行业飞速发展，随之而来的必然会是新问题的产生，因此学生要进一步完善自身能力，提升就业时的竞争力。三是要培养学生的自主学习能力。遇到新知识和新问题时，要学会在没有指导的情况下，能独立运用各种资料，掌握知识要点，找到解决问题的办法。

在互联网技术飞速发展的今天，全国各地都将人才队伍建设作为一项重要工程，并且在引入人才上投入了很大的成本和精力。"互联网+"时代，各行各业连接得更加紧密，相互之间融合必然会促进新技术、新知识、新服务的产生，这既是一种机遇也是一种挑战。旅游行业作为综合性的服务行业，在"互联网+"时代面临着更加严峻的挑战。培养"互联网+"时代旅游管理专业学生的职业能力是一项长期的系统性工程，是一个循序渐进的过程，需要学校、教师和学生相互配合、共同努力，实现优势互补，只有这样才能促进学生职业能力的提升。

为了培养适应"互联网+"时代发展的新型旅游管理专业人才，学校作为人才培养基地，首先要紧跟时代做出改变，要敢于打破传统教育的束缚，进行教学改革，进一步完善课程设置体系、优化教学内容设置，把更多的时间和精力投入学生的实践能力培养上。学生的成长进步离不开教师的辅导，因此高校要努力建设一支高质量的教师队伍，为学生提供优质的教学资源；改善考评机制，弱化标准、鼓励创新创造，帮助学生有更多的精力去拓展综合素质。学校在注重职业技能培养的同时，还要将培养学生的职业素质贯穿始终，引导学生明确自己的发展方向，树立正确的人生观、价值观、事业观，鼓励学生培养创新能力和自主学习能力，帮助学生更好地适应岗位需求，提升在旅游行业发展的核心竞争力。

教师作为学生培养的直接参与者，更应紧跟时代创新教学理念和教学方法，要把学生放在教学的主体地位，注重他们的个性发展和兴趣培养。在传授旅游管理专业知识的同时，还要注重加强对学生创新意识、职业道德、心理素质、交际能力的培养和训练，帮助学生实现全面发展。作为学生，则要清醒认识到时代发展带来的机遇和挑战，珍惜在校学习的宝贵时间，利用好学校提供的丰富学习资源，努力提升自己的职业能力，为顺利走上工作岗位打下坚实基础。

第二节　旅游管理专业教学质量控制

在旅游管理专业教学改革当中，教学质量控制是比较重要的一个环节，在人才培养中需要我们加以重视。

一、旅游管理专业教学质量概述

（一）含义

从狭义上讲，教学质量是指教的质量和学的质量。其中，教的质量是指教师传道、授业、解惑的能力及完成情况。这个过程可集中体现在两个方面：一是教师自身知识的储备量，即教师自身对相关知识的掌握程度、积累程度和更新速度，这是提高教的质量的前提；二是教师授课时的表达能力，即将知识告知他人的传授能力，这是提高教的质量的载体和途径。这两方面是彼此作用、互为条件的，并一同决定着教师完成"知识教授"过程的质量。而学的质量则是指学生对知识理解、消化、吸收的能力及完成情况。这个过程体现在学生的学习态度，即学生的求知欲，对知识的渴望度、认同度等。学习态度通常体现出较强的主观特性,它是提高学的质量的必要条件。

总而言之,从狭义上来讲,可将教学质量理解为:对教师传授知识、学生接受知识这一过程完成情况的衡量与评价。简单地说,教学质量是对整个教学过程完成情况的评估。因此,旅游管理专业教学质量是对旅游管理专业整个教学过程完成情况的评估。

但从广义上来讲,旅游管理教学质量则是一种衡量人才供需满足程度的主导指标,主要体现为毕业生与社会(市场)对人才需求的契合度。当然,这种契合并不是简单的、静止的,而是动态的、变化的。换言之,也就是学生进入社会后,其综合能力,即思考问题能力、知识运用能力、处理问题能力及根据工作要求进行学习的能力等,与工作(用人单位)目前和发展要求的吻合情况。它更多地再现为高校学生对所学方法和理论的实际应用和举一反三的能力,这种能力通常具有一定的潜在性和可挖掘性。

(二)重要性

1. 旅游管理专业教学质量的提高是旅游经济持续增长的动力

世界经济的持续发展、一国国内生产总值的稳定增长,都依托于科学技术的进步,而科学技术的进步又是人才在"质"和"量"上不断优化的结果。旅游管理专业高等教育不仅注重对学生在基础理论上的熏陶,更注重对学生在实际应用方法上的传授,将理性感性化的同时又注重感性的理性化,这对于从事或即将从事旅游管理工作的专业人才而言,是一种全新的思维能力上的历练。此外,从现实情况来看,一国旅游经济实力的增强似乎更多地与本国教育质量的增强有着密不可分的正相关性。步入知识经济时代的全球经济,正面临着从资本到资源乃至人才上的国际流动。由此可见,对于世界上的每一个国家,其旅游业未来的竞争,将是由科技、人才竞争所带来的旅游教育水平、旅游教育质量上的竞争。同样,毫无疑问的是,这种旅游人才的竞争必然是激烈的、紧张的、残酷的。

2.旅游管理专业教学质量的提高是实现教育强国的标志

改革开放以来，我国的旅游管理高等教育得到了空前的发展。我国已经成为世界上旅游管理高等教育的大国，然而我们的目标不仅是要成为旅游教育大国，更要成为旅游产业强国，这离不开旅游教育的发展。旅游管理高等教育的大国、强国，应该包含一系列的标志，比如说要有一流的大学，要有一流的科研，要有一流的师资，要能够吸引一流的学生等，而十分关键的是要有一流的教学。由此可知，要实现旅游教育强国的目标，旅游管理教育界有很多工作要做，其中提高旅游管理专业的教学质量绝对是重中之重。

3.旅游管理专业教学质量的提高是旅游教育产业发展的基础

旅游教育作为一个产业，本身不是一项经济产业，并不能直接地创造物质财富，因此它是一个十分特殊的产业。旅游教育产业面临的市场竞争是一种不完全的市场竞争，竞争的胜负最终取决于旅游教育产业"产品"质量的优劣，即培养的人才的质量，而不是"产品"的数量。不仅如此，旅游教育产业生产的"产品"是不能直接用经济指标来衡量的，而是要通过将"产品"投向社会，经过一段较长时间的实践以后，由社会实践来检验和衡量。因此，旅游教育产业的效益评估既不能简单地用经济指标来计算，也不能以毕业学生人数的多寡来衡量，更不能单纯地以产出的名人数量来佐证，而必须以全体学生综合素质的提高程度为标尺，由社会来评判，由市场来选择。

二、旅游管理专业教学质量影响因素

影响旅游管理专业教学质量的因素是多种多样的，既包括校内的各种因素，又包括校外的各种因素。

教师与学生是旅游管理教学活动过程中的两个主体因素，也是教学过程中的直接参与者。因此，他们对于旅游管理教学活动的质量有着直接的影响。而学校作为整个教学活动的管理者、教育经费的供应者、教学设施的建设者和后勤服务的统筹者，对教学活动的开展具有领导、管理、支持和辅助作用，因此可视为教学活动的间接影响因素。除此之外，社会经济、文化、科技以及国家有关的方针、政策、法规、条文等也会对教学活动的质量产生间接的影响。由此可见，影响旅游管理专业教学质量的因素是纷繁复杂的。

教师主导着旅游管理专业教学活动的进行，对学生的学习和成才方向有着指导和牵引作用。学生毫无疑问是教学过程中的主体对象，是各种知识和方法的接受方。学生对学习的热情会直接决定教学任务的完成情况，也会直接影响旅游管理专业人才培养目标的实现情况。从某种程度上来说，教学过程是教育服务过程。在"教"这个服务过程进行的同时，"学"这个服务享受过程也在进行。因此，教师与学生这两个直接主体间彼此感应和理解的程度是十分关键的。

校方虽不直接参与各种教学活动，但校方是学校整个教学活动的领导者、教学资源的支配者、教学方案和制度的制订者、教学过程的监控者。它的主要职能是领导、支持、保障各项教学活动的展开。因此，它在整个教学过程中担当着不可替代的领导与管理者的角色。校方的教学思想、教学经费、教学基建、教学管理、培训系统等对教学质量有较为重大的影响和制约。

影响教学质量的社会因素非常多，也非常复杂，比如相关政府部门的方针、政策以及有关的法律、法规，社会公众的舆论导向，市场的价值观、社会的文化观等。这些因素会通过对人的作用而间接影响教学质量。权威机构所提出的要求会对教学活动的开展构成严格的限制，社会的文化导向则会影响教师的工作热情和教学态度。此外，人才市场中的价值导向及社会公众对教育的舆论导向更会影响学生的学习目的和学习态度。由此可见，这些因素都与教学质量的提高有着千丝万缕的关系，因此需密切关注、谨慎把握。

三、旅游管理专业教学质量评估

高等教育旅游管理专业主要为旅游行业培养本、专科层次旅游管理类复合应用型专业人才。旅游业对专业人才的行业要求和高等教育对毕业生的基本素质要求同时制约着该专业的教学内容和教学质量。为适应当今世界旅游业的发展趋势及中国加入世界贸易组织后旅游业所面临的挑战，高校应以培养能够充分适应和引导我国旅游业发展的应用型、复合型、高素质的旅游业管理人才作为旅游管理专业教学的指导原则。

（一）建立评估指标体系的目的和意义

开展教育评估工作是深化教学改革、确保高等教育人才培养质量、使教育管理工作向着更加科学化、民主化和现代化方向发展的重要环节，也是国家教育主管部门对高等教育进行宏观管理、监控和指导的重要举措。

旅游管理专业教育作为高等教育的一个重要的组成部分，必然要建立起一套相应的质量评估体系。建立和推行这一体系，可以保证旅游管理专业教育事业健康、有序、高效地发展，适应 21 世纪现代化经济建设对旅游管理人才的需求；加强对旅游管理专业教学的必要宏观管理，防止和克服发展中的偏差和失误；增进学校之间的了解和学习，以评促建，全面提高旅游管理专业的办学质量。教学工作是学校经常性的中心工作，任何情况下，都不应动摇其在整个学校工作中的这一特殊地位。建立教学工作评价指标体系，其根本目的就是要激励和引导各院校更加重视教学工作，采取强有力的措施，不断提高教学工作水平和教学质量，在各自不同的基础和条件下，努力办出自己的特色。同时，通过对测评结果的分析和相互比较，也有利于学校更加客观地认识到自己在同类院校中的相应位置，进一步深化教育和教学改革，促进我国高等院校旅游管理专业整体办学水平的全面提高。总之，评估体系的建立和运行，可以使高等院校的旅游管理专业进入良性循环的发展状态。

（二）评估指标体系的基本结构

1.旅游管理专业评估指标体系及权重

旅游管理专业教学质量的综合测评可从校内、校外两个不同角度出发建立指标体系。具体归类后，主要包括三个要素——学生的成长情况、教师的发展状况、用人单位及社会的评价结果等。

学生的成长情况主要是指学生在受教育前、后所表现出的从外到内的不同之处和差异性。具体可分解为六个方面：学业成绩与潜质、学习能力与经验、科研态度与能力、学生的思想道德素质、身体健康状况、个性发展趋势。教师的发展情况则主要指教师在教学的过程中所实现的科研与教学能力上的变化。而用人单位及社会的评价结果则主要体现了毕业生踏入社会后学以致用的成果。

2.评价指标的量化与标准化处理

为了便于比较，将根据各因素、因子的作用性质及表现形式，采取以下几种方法对各评价指标进行量化及标准化处理：

（1）对于可度量指标量化及标准化处理，采用下式计算：

$$I_{ij} = a_{ij} / \max\{a_{ij}\} \qquad 式（7-1）$$

式中　I_{ij}——i 旅游区 j 因子的评分值；

a_{ij}——i 旅游区 j 因子的实际调查值；

i——旅游区个数；

j——评价因子个数。

若是评价某一特定的旅游区，即以全国该类型旅游区某指标的最大值，即

$\max\{a_{ij}\}$ 作为评价的标准值。

（2）对于定性评价指标按专家评分法来确定。

首先将每项指标都分为优（A）、良（B）、中（C）、低（D）、差（E）5 个等级，每个等级系数分别为 1.0、0.8、0.6、0.4、0.2。然后由评估专家组（5 人以上）的各位专家按照评价指标所考核的内容进行打分，最后根据下式计算该评价指标的评分值：

定性指标评分值=Σ每位评议专家选定等级系数/评议专家人数

式（7-2）

3. 综合评分

评价指标体系中的每一个单项指标，都是从不同侧面来反映教学质量的情况，要想反映全貌还需进行综合评价，下面采用多目标线性加权函数法，即常用的综合评分法。其函数表达式为：

$$Y = \sum_{i=1}^{m}\left(\sum_{j=1}^{n} I_j R_j\right) \cdot W_i \quad \text{式（7-3）}$$

式中 Y——总得分（即综合评价值）；

I_j——某单项指标的评分值（计算方法同前）；

R_j——某单项指标在该层次下的权重；

W_i——因素的权重。

4. 阶段划分

根据事物的不断发展和发展阶段论，可以将教学质量划分为不合格、合格、良好和优秀四个阶段，如表 7-1 所示。这样就把实现教学质量目标分割成了可操作的阶段性目标，有助于分段实施和重点突破。

表 7-1 旅游管理专业教学质量评价阶段划分

综合评价值 Y(%)	<50	50～70	70～85	>85
评判标准	不合格阶段	合格阶段	良好阶段	优秀阶段

四、旅游管理专业教学质量监控

教学监控体系的建立是高等教育发展的必然选择，也是保障高校教学质量全面提升的有效手段。它以提高教学质量为核心，以培养高素质人才为目标，把教学过程的各个环节与职能合理组织起来，形成一个任务、职责、权限明确，相互协调、相互促进的有机整体。

（一）政府引导监控

政府对教育工作的宏观调控是教育平稳发展的重要因素。在留给高校足够发展空间的前提下，政府的指引和监督功能只能加强，不能减弱。政府的管理包括以下几个方面：

1. 教学工作状态统计

对高校的有关信息资料进行统计，如学校总数、教师和其他职工总数、在校生总数、各个专业的招生数、学校的其他情况等，从宏观上把握高等教育的情况。

2. 教学工作合格评价

要建立起一套教学工作合格评价标准体系，设定高等教育的普遍评价标准或者分专业的基本标准和底线要求，并且贯彻实施，确保高等教育的基本质量达到客观要求。

3. 教学工作优秀评价

应当建立起一套教学工作优秀评价标准体系，把握高等教育的综合水平或者分专业的最高水平,树立榜样和模范,促进高校间的良性竞争,促使高等教育的质量不断优化,并向国际先进指标靠拢。

4.主要教学课程的全国统一水平测试

在有些课程领域,全国地域性差别不大,可以建立统一的客观标准,组织全国统一的考试。这样的考试较为客观公正,能够比较全面地反映出教育的实际水平。已经成功举办的计算机水平测试、公共外语水平考试等就充分说明了这种考试的可行性。

(二)社会评价监控

教育是为国家建设服务、为社会提供人才的,在质量评估问题上必须考虑社会的因素。一切高等教育的专业,包括旅游管理专业都应当在如下几个方面接受社会的评估、检验:

1.毕业生分配

社会对人才的需求包括对人才的知识结构的要求,分析问题、处理问题的能力的要求及社会适应程度的要求。总的看来,当前对人才需求偏向于基本人文素质、基本社会交往能力、较强的接受能力和专业知识等方面。

2.用人单位评价

用人单位的评价是对毕业生基本素质的评价,而这种素质与高等教育有着不可分割的密切联系。从用人单位对毕业生的评价中可以分析出高等教育采取的人才培养方式的成功和不足之处。

3.毕业生成长

毕业生的成长情况也同样可以反映出学校对人才培养所采取战略的优点和不足。毕业生的成长虽然会表现出较大的个体差异,但是通过综合统计将会得出一个学校、一个专业的毕业生的总体情况,与其他学校和专业应当有较大的区别。在旅游管理专业教育中,毕业生的成长情况包括晋职和晋级的情况、在学术上进一步深造的情况及获得国家、省、市级先进称号和表彰的情况等。

4.对毕业生跟踪调查，掌握其对教学工作的意见和建议

毕业生在离校之后会对在学校获得的知识和能力进行思考，这对于评价学校的教学水平，促进教育方法、内容的改进具有积极意义。应当采取积极措施，广泛收集毕业生对学校教学工作的意见和建议。

5.学生家长意见

学生家长通过学生的反馈，结合自身经验可以对教育教学工作提出积极的、富有建设性的意见。这些意见对于反映学校、专业的教学水平以及推进教学改革都有重要的作用。

（三）行业指导监控

旅游管理专业的教育是素质教育与专业教育的结合。说它是素质教育，是因为旅游管理专业教育与其他教育一样，其目的在于培养德、智、体、美、劳全面发展的为社会主义建设服务的各级人才；说它是一种专业教育，是因为所培养的人才具有比较强的专业色彩。在评估旅游管理专业教学质量的时候，绝不能进行空泛的评价，而应当充分考虑旅行社、旅游饭店等对口行业单位对员工质量的要求，比如在专业能力与技术水平方面的要求，相关知识背景、知识基础方面的要求，思想道德素质方面的要求等。还应当充分参照行业对质量问题的反馈，比如，从总体上看，现在的相关行业职业者在基本能力方面有哪些欠缺，在知识结构上有哪些不足，在道德素养上还要进行哪些强化等。只有在吸纳这些要求和建议的基础上设定旅游管理专业的评估标准，才具有客观性、真实性和有效性。

（四）学校管理监控

高等学校是质量评估的关键组成部分。在专业质量评估方面，学校的积极作用主要体现在两个方面：第一，学校的质量评估制度建设。专业质量与其所在的学校密切相关，学校应当加大力度进行教育教学质量的建设。与此同时，学校内部应当建立起一套独立的质量评估体系。比如，制定和推行课程评估制度，对公共课和各个专业的专业课程进行评比，并推广先进的教学经验和优秀的课程。第二，学校的质量评估保证机制。学校也是保证评估工作顺利进行的重要部门，可以通过对质量评估的财力支持等途径促进评估工作的完成。

五、提高旅游管理专业的教学质量的具体方法

（一）建立统一的旅游管理专业本科生教育基准

在国外，社会需求往往与专业的学位紧紧联系在一起，因而专业学位很受学生的欢迎。从国外的教学发展经验来看，在专业教学学位中，统一水平的本科生培养基准是十分重要的。而旅游管理专业要制定统一的专业水平基准，就需要根据社会的实际需要制订相应的能力培养方案，并对目标能力进行分解，将基准建立起来，这样能够更好地保证旅游管理专业的教学质量，规范其本科生教育。从目前我国的旅游管理专业本科生教育管理体制来看，应逐步建立起旅游管理专业本科生学位教育基准，规范和推动旅游管理专业学位教育的发展。同时，旅游管理专业学位本科生教育基准的建立也将为教学质量保障工作指明方向。

（二）开设一些实务性较强的选修课程

课程是教学质量的重要保证，对以培养应用型专门人才为目标的旅游管理专业学位本科生教学来说，开设一些实务性选修课程是必不可少的。这就需要在充分调研实践需求的基础上进行选择，并在综合考虑各种因素之后确定开

设，如课程的讲授人、教学条件等。根据不同专业的特点，有针对性地开设选修课程，如旅游管理专业教学专业领域考虑培养的目标是旅游管理专业的专业型人才，还是实践中旅游管理经验丰富的实践型人才，一些相应的选修课程应该为实现这些培养目标提供理论支撑。实务性选修课程应包括用于实践的操作技术，本专业领域当前的形势与问题等。这些选修课程的开设有利于学生全面认识和正确处理实践中的问题，从而真正提高实践能力。

（三）抓好旅游管理专业学位本科生实践教学监督工作

专业学位的教育目标是培养具有较强的专业能力和职业素养、能够创造性地从事实际工作的高层次应用型专门人才。专业实践是重要的教学环节，充分的、高质量的专业实践是专业学位教育质量的重要保证。实践教学是旅游管理专业学位本科生教学体系的重要组成部分，是培养学生基本技能、实践能力、创新精神的有效途径。对旅游管理专业本科生来说，学习的最终目的不在于求知，而在于致用。实践教学能够最大限度地开发学生的致用潜能，培养其运用知识、创造知识的能力。同时，实践教学可以使学生将专业理论知识运用到实践中去，还可以培养学生发现问题、分析问题和创造性地解决问题的能力。因此，实践教学是实现旅游管理专业学位本科生培养目标的重要环节。而实践教学必须保障教学质量，这就需要加强对实践教学的监控和管理。而保障实践教学条件是保障教学质量的前提，除各学校内已有的实践教学条件外，首先可以加强与校外实践单位的合作，为本科生创造良好的校内外实践环境；其次是完善实践教学规章制度，及时建立和更新实践教学各项规章制度，规范实践教学管理。

第三节　高等教育国际化旅游人才的培养

经济全球化进程下，各个行业和领域均受到了一定影响，在这样的背景下，旅游业国际化发展已经成为重要的趋势。为了向我国旅游产业输送符合时代发展要求的旅游管理专业人才，高等教育旅游管理专业人才培养必须做到与时俱进，加强国际化旅游人才的培养。

一、经济全球化与旅游高等教育国际化

（一）经济全球化背景下的旅游业发展现状

世界经济的不断发展使人们的生活发生了变化，随着人们生活水平的不断提高以及对生活质量越来越高的追求，旅游成为人们喜爱的一项活动。当前，旅游已经成为人们休闲度假、社会交往、审美娱乐的主要方式之一。旅游不再是纯粹的经济活动，而成为现代社会一种重要的社会现象，它包括了人员往来、商务贸易、政治活动、文化交流、体育比赛、学术会议等多方面、多层次的内容，是一种涉及经济、政治、文化、科技等各个方面的社会活动。显而易见，旅游作为各国和各地区人民之间重要的社交活动，不仅有助于增进各国人民之间的相互了解和友谊，而且有助于促进国家、地区之间的友好联系，维护国际形势的和平与稳定。

随着经济社会不断发展，旅游业近年来获得了巨大发展，其在国民经济中的作用和地位日益重要，不仅给许多国家的人民提供了大量的就业机会，而且还为其带来了丰厚的收入，因此旅游业受到各国政府的高度重视。

1.全球化背景下的世界旅游业特点

（1）旅游需求普及化

社会生产力的解放与发展为社会财富迅速累积提供了条件，随着人们生活水平不断提高，对生活质量的要求不断提高，现代交通工具的不断发展，现代旅游设施的大量建设，旅游正在从一个高端的享受型活动发展成为人类生活的一种基本需要和高层次的消费活动。

同时，旅游供给也达到了一个新的水平，可以较好地帮助人们实现这种需求。计算机的普及以及互联网的发展，使旅游预订系统形成世界网络，交通便捷使全球范围内可以实现朝发夕至，信用卡通行世界，出入境手续日益简化。这些都给旅游者出行提供了更为便捷的条件，使旅游者的自由度大大增加。

（2）旅游方式多样化

随着旅游行业不断发展，各国为了通过旅游业促进经济发展，在旅游方式上不断创新。一些国家采取以"新""异"取胜的战略，除了一些传统旅游项目，文化旅游、商务旅游、生态旅游、休闲旅游和自助旅游等特色旅游以新颖、别致、时尚等特点吸引着游客，取得了很好的经济效益。另外，由于受世界经济因素的影响，国际旅游市场的竞争也是越来越激烈。

旅游方式多样化与旅游产品多样性相辅相成。由于旅游活动的普及性和娱乐性，消费者参与度越来越高。不同的游客有不同的产品需求，为了适应游客的不同需求，就要进一步细化产品，以产品的多样性迎合游客需求的多样性。

开发旅游产品要兼顾主导性和多样性，构建完整的旅游产品体系。在旅游市场经营中，主导产品类型决定着目的地旅游业的性质和特点，而多样的产品体系也影响着旅游业的发展前途。这事实上就是完成旅游产品从单一到完整的过渡。

（3）旅游发展可持续化

可持续发展对于各行各业而言都是一个重要目标，对于旅游业来说也是这样。无论是从对自然禀赋和社会遗存的依赖，还是从旅游业与环境的辩证关系来看，旅游业都需要可持续发展。

实现旅游业的可持续发展，就是指一方面要满足当代人的旅游需要，另一方面不会损害后代人的利益。具体来说，就是指在保持和增强未来发展机会的同时满足当代旅游者和旅游地居民的需求，并通过现有旅游资源的可持续经营管理，在确保文化完整性、基本生态过程、生物多样性和生命支持系统的同时，实现旅游经济效益和社会效益相统一的发展模式。旅游业的可持续发展系统是经济系统、生态系统和社会系统的交集，涉及生态经济、生态社会和社会经济的各个领域。旅游业可持续发展的核心理念在于以旅游资源环境可持续发展为前提，以旅游经济持续增长为手段，以旅游地社会的持续进步为目的，使旅游地社会、旅游经济与旅游资源环境系统协调发展。

（4）旅游经济全球化

经济全球化对各国产生了深刻的影响，在这样的背景下，全球的信息、金融、贸易、交通等产生了更紧密的联系，这为人们提供了越来越便利的生活环境，也为世界旅游业发展提供了基础条件。在世界经济全球化的过程中，社会消费观念也发生了革命性的变化。在生活的基本资料得到满足之后，人们自然而然地开始追求心理和精神上的需要，而旅游活动和消费就可以满足这种社会需求。经济越发达，旅游越兴旺。读万卷书，行万里路，旅游全球化扩大了人类的视野。因此，旅游业全球化发展的一个必然态势就是旅游人数持续增长，旅游产业持续扩大。

随着旅游业在国民经济中的地位不断提高，通过旅游业发展推动经济发展成为各国的重要战略目标，具体来说就是如何更好地开发旅游资源，吸引更多的旅游者，增加本国的外汇收入和就业机会等问题。许多国家通过颁布旅游法、直接投资或者减税、设立旅游发展基金、制定休假制度、实行"低门槛"入境和"低门槛"收费政策等,保证和支持本国旅游业的健康发展。

通过以上分析可以看出,旅游业已经有机融入世界经济浪潮,这是旅游业的特征及其发展历程带来的必然结果。目前的旅游业正在经历翻天覆地的变化。世界旅游组织的统计资料指出,进入 21 世纪,旅游业已经取代石油工业和汽车工业,成为世界上最大的创汇产业,每年国际旅游业的交易额已经超过了 3 000 亿美元。旅游产业将成为世界上最重要的产业之一。

同时,经济全球化为旅游企业跨国经营提供了条件,而旅游企业跨国经营的不断发展进一步促进了旅游业的国际化发展,这就要求未来的高等旅游教育必须以国际视野来组织教学,向培养国际型人才目标拓展,不仅要让学生关注、了解和比较国际旅游需求以及旅游业投资和经营环境的特点与差异,更要让学生了解有关旅游发展问题的国际共识和旅游业经营中的国际惯例,而不能仅仅局限于本国甚至当地的认知与实践。

随着旅游业的不断发展,产业化和国际化发展成为必然趋势,而这无疑对高等旅游教育提出了更高的要求,因而培养具有国际竞争力的旅游人才成为高等旅游教育面临的重要任务。

2.国际化旅游人才是实现我国由世界旅游大国向旅游强国迈进的重要保障

中国已有 20 多个省级行政区提出了"旅游强省"的发展战略,把旅游作为优先发展的行业。中国要实现由世界旅游大国向世界旅游强国迈进的宏伟目标,需要数量足够、素质一流的国际化旅游人才作为保障。但是,目前旅游业的蓬勃发展却面临人才严重短缺的"瓶颈"。

我国旅游教育不仅存在人才数量不足的问题,还存在旅游人才培养质量与旅游业发展需求不完全适应的突出问题。旅游院校需要考虑的实质问题就是培养什么、培养多少、怎么培养、为谁培养等。一方面,中国要从旅游大国真正变成旅游强国,必须具备相应的国际人才竞争力,而过去主要抓的是人才的数量,对人才的质量问题重视不够;另一方面,在整个旅游教育体系中,高等旅游教育是薄弱环节,没有很好地结合专业特点来制定相应的培养目标与模式,没有很好地进行课程与教材体系的设计,同时,有国际合作背景的旅游院校也屈指可数。如果高等旅游教育不能真正培育出接轨国际的高质量人才,旅游经济的发展必然会受到制约,高等旅游教育之路也就难以持续走下去。

3.高等旅游教育发展要求加强国际化旅游人才培养

旅游业发展与旅游教育之间存在密切联系,当前世界上旅游业发达的国家通常在旅游教育方面也十分出色,基本上具有自身比较成熟且完备的旅游教育体系。瑞士洛桑酒店管理学院在酒店管理人才培养和旅游教育理念的探索方面卓有成效,洛桑模式成为国际公认的酒店管理人员培养的最佳模式。

我国需要整合国外教学资源,加强与瑞士、澳大利亚、美国等国家在高等旅游教育领域内的交流,进一步学习先进经验,从而提升我国高等旅游教育的整体水平。因此,国际化是我国高等旅游教育发展的必由之路。

(二)旅游教育国际化的内涵

在经济全球化的影响下,旅游国际化发展成为一种必然趋势,这也是现代旅游业的一个重要特征,这主要表现在以下几个方面:旅游出入境人数的迅速增加;旅游客源国及旅游目的地国家的不断增多;各种各样的旅游市场运作、旅游产品种类以及旅游文化等,在国际交往的平台上相互交融,不断丰富和演进。

1.旅游教育国际化内涵的讨论

当前对旅游教育国际化的本质及内涵探讨仍存在一定争议,这就导致很多旅游教育国际化的相关问题难以解决,如"什么是教育国际化""怎么做才是国际化"。在没有清晰认识旅游教育国际化的本质的情况下，人们在国际化进程中容易对办学理念、课程体系、师生交流、学术交流、办学模式等一系列问题产生模糊的理解。因此，我们首先要厘清"旅游教育国际化"的内涵。

美国学者迪·威特·汉斯（De Wit Hans）等提出了三种关于高等教育国际化含义的观点。第一种观点把高等教育国际化看作一个发展的趋势与过程，它是把国际的意识与高等学校的教学、科研和社会服务的职能相结合的过程。第二种观点倾向于高等教育国际化就是高等教育的国际交流与合作活动，包括课程的国际内容，与培训和研究有关的学者和学生的国际流动，国际技术援助与合作计划。第三种观点强调形成国际化的精神气质和氛围，认为国际教育与教育的国际化是同义语，包括全球的意识、超越本土的发展方向及发展范围，要将以上这些因素内化为学校的精神气质和氛围。

通过以上分析可以得到以下关于高等教育国际化的观点：一是高等教育国际化是一个动态发展的过程，对于不同的国家或学校，其含义和目标是不同的。二是高等教育国际化反映出当代高等教育在时间、空间上大大超越传统的高等教育，一国的高等教育唯有面向世界开放才能获得生长的活力，在面向国内的基础上加强跨国界、跨民族、跨文化的交流与合作是高等教育发展的重要途径。三是高等教育国际化是在世界形势急剧变化时期高等教育发挥其社会职能的反映，通过运用世界经济、科技、文化的最新成果培养人才，让当代人具有全球视野，走向世界，正是高等教育肩负的使命。

在以上分析的基础上，可以进一步讨论旅游国际化的教育模式。"模式"一词的本义是指某种事物的标准样式或让人可以效仿学习的标准样式。在教育活动中探寻其模式，反映了人类努力认识客观世界，试图把握客观事物发展规律的愿望。人们总是期待能在纷繁复杂、变化万千的教育活动中发现一种有效的模式，从而通过变化与推广，达到节约教育资源、实现教育效率最大化的目的。

对教育模式的定义有三种代表性的看法。第一种定义：某种教育和教学过程的组织方式，反映活动过程的程序和方法。第二种定义：模式是一个弹性相当大的概念，小而言之，一种教学方式就可以称为教学模式；大而言之，可以指一个国家，甚至一个文化类型中教育的基本特征、基本风格。第三种定义：模式作为一种科学方法，它的要点是分析主要矛盾，认识基本特征，进行合理分类。

目前一体化的教学模式已经非常完善，值得我们借鉴。但需要注意的是，这只是多种模式中的一种，不同国家会根据自身的实际情况选择最适合自己的旅游国际化教育模式。模式的最终目标是培养适合所在国的专业人才。它在发达国家运行得很好，但我们完全照搬却未必可行。我们的旅游院校根植在中国，只有将先进的教育模式有效地吸收、消化、利用，与中国的教育实践有机融合，才能最终培养出符合中国国情的旅游人才。教育模式可以多种多样，但培养出来的旅游人才需保持高质量。基于此，要实现旅游教育国际化，不同的院校可以探索和实践不同的教学模式或教育模式。例如，建立教育国际化的市场，要有科学合理的、与国际接轨的课程体系和教学内容，构建国际化的课程体系和课程结构，培养具有国际视野的师资队伍，等等。

通过以上分析可以看出，旅游教育模式国际化只是我们实现国际化旅游人才培养目标的一个重要手段，我们的最终目的是要培养出具有诚实守信的责任能力、跨文化交往的沟通能力和可持续发展的学习能力的旅游人才，重心应落到"人"的身上。

2.旅游教育国际化具有的双重内涵

（1）教育模式的国际化包含了高等教育国际化的所有属性和特点

当前，大部分关于国内外高等旅游教育国际化的研究，都是以高等教育国际化或职业教育国际化为基本条件进行的。显然，高等教育国际化是适应经济全球化而产生并形成的,是经济全球化背景下的衍生概念,它不仅是一种教育理念,更是一种正在全球范围内展开的教育实践活动。世界是复杂多样的,高等教育国际化的概念也因各国政府、教育工作者认识的不同而需要更缜密的、多元视角的检验。随着生产力的发展和科学技术的进步,高等教育国际化进程进一步加快,尤其是世界发展到今天,经济出现了全球化的态势,赋予了高等教育国际化更深、更广的含义、内容和使命。

我们一般认为,高等教育国际化是指一国的高等教育在适应自身经济、政治发展需要的前提下,有机融入世界教育轨道的过程,通过跨国际的、跨民族的、跨文化的高等教育交流、合作和竞争,把国际的、全球的理念融合到高校的教学、科研、服务等功能中的过程,使本国的高等教育更加完善,同时走向世界。更通俗地讲,所谓高等教育国际化,就是要加强国际高等教育的交流合作,积极向各国开放国内教育市场,并充分利用国际教育市场,在教育内容、教育方法上适应国际交往和发展的需要,培养有国际意识、国际交往能力、国际竞争能力的人才。

旅游教育国际化的内涵包含了以上提到的高等教育国际化的全部属性和特点。此外,旅游教育国际化还表现为高等旅游院校在国际意识、开放观念指导下,通过开展国际性的多边交流、合作与援助等活动,运用世界经济、科技、文化最新成果培养出能不断适应旅游行业发展的旅游管理专业人才。

(2)旅游教育国际化就是要培养国际化的旅游人才

随着经济全球化进程加深,旅游业国际化发展的速度也不断加快,各国之间的交流越来越密切和频繁。旅游业的国际化发展要求旅游管理专业教育同国际接轨,要反映国际化特征,培养素质全面、具有国际视野和国际竞争能力的旅游管理专业人才。旅游业的飞速发展极大地推动了我国旅游人才教育事业的发展,对旅游人才的基本要求也快速提高。但传统旅游教育理念、模式和方法与旅游人才市场需求相脱节,这在我国旅游高等教育中表现得尤为明显,也是国内众多旅游高等院校至今未能解决的问题。

  国际化是解决以上问题的重要途径，也是必由之路。国际化是全方位的，是一个综合的、系统的旅游人才培养工程。它涉及培养目标、课程体系、教学内容、培养模式、教学手段、师资队伍等。某一方面的国际化并不等于旅游教育国际化。旅游教育国际化还有一个重要的目的，就是培养学生广阔的视野和接纳世界多元文化的胸怀。为此，作为外向型服务程度很高的旅游业，其人才的培养、课程设置和教学内容的组织尤其应当考虑与国际接轨。从这个意义上说，有选择地借鉴先进的旅游教育理念、模式、方法、教材等人才培养方式来帮助我们培养符合旅游行业特点的旅游人才，是高等旅游教育国际化的根本目的和最终目标。换句话说，旅游教育国际化就是要更好地培养高素质旅游管理专业人才，更好地服务于旅游行业，实现旅游产业和旅游教育的互动发展。

二、高等教育国际化旅游人才培养的模式及其实现途径

（一）高等教育国际化旅游人才培养的理想模式

  高等旅游教育发展的一个重要内容就是更新教育观念，打破传统教学模式。在经济全球化背景下，旅游人才培养必须以国内外旅游市场需求为导向，要洞察世界旅游业发展态势，准确分析和把握旅游业发展规律，以全新的教育思路和人才培养理念指导高等旅游教育发展，建立科学、高效的人才培养理想模式，培养具有国际视野、国际思维、国际竞争力的旅游管理专业人才。

  1.国际化旅游人才培养理想模式的含义

  理想模式是指不考虑其他因素，在理想状态下实现目标的最佳途径，具体

而言，理想模式是指确立高等旅游教育国际化的先进理念，将高等旅游教育融入国际旅游教育大环境，构建多层次、多形式、全方位的人才培养模式，培养具有国际竞争力的高素质旅游管理专业人才。

从本质上说，国际化旅游人才培养理想模式就是实现高等旅游教育的对外开放，这并不是指要对旅游人才培养进行全盘西化，而是指在目前旅游人才培养发展实际的基础上，批判地吸收发达国家旅游教育方面有益的理论、方法和成果，客观看待自身与其他国家旅游教育之间的差距，以充分了解自己为前提，提升我国的旅游人才培养水平，构建既具自身特色又国际化的高等旅游教育体系。

2.国际化旅游人才培养理想模式的核心

为了顺应时代发展，必须构建并不断创新国际化旅游人才培养模式。理想模式是一个与时俱进的概念，其核心是培养国际化的旅游业复合人才。具体来讲，就是力争通过国际化教育，使学生在切身体验和耳濡目染中，逐步培养四种核心能力，即诚实守信的责任能力、跨文化交往的沟通能力、国际视野的创新能力和可持续发展的学习能力。

国际化人才的本质主要表现在文化和心理层面上，这并不是一个单纯的概念。国际化人才一般都具备良好的道德素养，具备国际视野、先进知识、较强的创新能力及国际竞争能力。他们的优势还在于熟悉国际规则和多元文化，具有良好的跨文化沟通能力及可持续发展的学习能力。旅游院校是造就国际化旅游人才的主要培养基地，要关注、了解和把握世界旅游教育发展的趋势和规律，与世界高水平旅游院校开展各种形式的交流与合作，把自身打造成为国际化旅游管理专业人才的培养平台，培养具有四种核心能力的国际化旅游人才。

（1）诚实守信的责任能力

在经济全球化不断推进的影响下，世界各国对人才素质的要求呈现趋同趋势。从素质方面看，责任感和诚信应是一个人最重要的职业素质，它要求学生能够承担起维护民族文化的责任，既懂得中华民族的道德价值规范体系，又能融入世界优秀文化之林，同时强调独立自主承担社会责任，提高诚信服务意识，具有高度敬业精神。

（2）跨文化交往的沟通能力

旅游是一种带有显著文化性质的经济活动，因此跨文化交往能力是国际化旅游人才必须具备的一种能力。在国际旅游交流活动中，影响沟通的文化因素主要包括旅游者的文化背景、旅游服务者的文化背景、旅游目的地的社会文化和旅游企业的企业文化。对国际化旅游人才而言，自身的文化背景和所工作企业的企业文化在一定时期内是相对稳定的，而旅游者的文化背景和旅游目的地的社会文化，则需要自觉地了解和熟悉。国际化旅游人才的跨文化沟通能力是指以对旅游者文化背景的了解和旅游目的地社会文化的熟悉为基础，合理运用基本的沟通技巧，以灵活、务实的态度，协调国际旅游活动与交往中的各种关系的能力，并能在竞争中与人合作，具有强烈的团队合作精神。

（3）国际视野的创新能力

创新是实现发展的重要推动力，尤其是在经济全球化背景下，国际竞争愈加激烈，作为国际化旅游人才必须具有较强的创新意识和创新能力。一个优秀的、具有创新能力的旅游人才的工作业绩是通过大量的全方位的商品、服务和信息的交换来体现的，是根据他的工作所创造的价值，即社会效益和经济效益的大小来衡量的。也可以说，旅游业生产价值的大小与旅游业创新人才的多少成正比例。因此，我们需要以社会旅游市场的需求为前提，以就业为导向，进一步加强高等旅游教育，要适应经济全球化发展的要求，培养和造就具有国际视野、富有创新精神的国际化旅游管理专业人才。

（4）可持续发展的学习能力

当前正处于知识经济时代，国际化旅游人才不仅需要掌握旅游管理专业知识，还应该了解并掌握与旅游管理专业相关的知识和技能，只有这样才能适应旅游岗位的要求。为适应变化，学习将成为每个人发展和事业成功的终身任务，它将是知识经济时代一项基本的社会活动。所以说，知识经济社会是一个学习型的社会、学习化的社会。终身学习的可持续发展能力是知识经济时代对人的必然要求，教师的传授也仅仅是学生学习的一种形式。在高等旅游教育国际化进程中，学会学习才能学会生存，这已成为一项基本法则，反映在对人的要求上，就是要拥有健康的体魄和稳定的心理素质，具备不断追踪旅游管理专业的世界前沿信息和不断学习、吸收、消化国际先进文化和知识的能力。

3.国际化旅游人才培养理想模式的优势

（1）理想模式具备资源优势

理想模式可以引进优质师资、成熟的课程和教材。如采用国外相同专业的教学大纲，使各专业的课程设置更符合国际标准，与国际接轨。通过有效引进国际旅游教育的优质资源，促进旅游人才培养的国际化、教学手段的现代化和教学方法的多样化。同时，当理想模式发展到一定阶段，除了引进优质教育资源，也需要我们将学校的学科优势输出到国外，增加学校的国际知名度。

（2）理想模式具备技能优势

理想模式要求以最新国际标准建立职业技能评估指标，建立国际通行的职业技能资格证书体系，从而加快我国高等旅游教育的对外开放，培养国际通用的职业人才，促进人才培养规格的提升和人才技能含金量的加大。

（3）理想模式具备理念优势

理想模式主张高等旅游教育应具有国际化眼光，观察世界旅游教育的发展变化，主动跟踪世界旅游教育的发展趋势。用国际化的胸怀，包容一切世界旅游教育的新理念、人才培养的新模式、人才能力水平评价的新方法；用国际化的理念去认识世界上一切旅游教育的新理论、新观点；用国际化的态度，积极参与世界旅游教育的交流，培养有国际化观念的人才；用国际化的标准，培养评价人才的智能水平；用国际先进的人才培养模式培养具有国际水准的人才。

（4）理想模式具备竞争优势

理想模式充分考虑了旅游人才国际化的市场需要，旨在培养既懂专业又懂外语的复合型国际化人才，使其不仅具备系统的专业基础知识，同时又具有较强的外语口语交流和应用能力；既懂国际惯例，又具有国际视野。得益于这些特点，旅游管理专业学生的实际能力获得更大的发展，在就业和求职中表现出较强的竞争优势。

（二）国际化旅游人才培养理想模式的实现途径

1. 更新办学理念

办学理念应该是与时俱进的，实现国际化旅游人才培养理想模式的一个重要前提就是及时更新和提升办学理念。

（1）树立质量意识

培养国际化旅游人才，必须充分考虑并满足学生的成才要求，充分考虑并满足社会的发展需要，充分考虑并适应国际化进程的要求，以提高高等旅游教育的办学水平和人才培养质量。办学过程中的每一个环节，包括教学计划制订、师资聘任、教学硬件投入、管理人员素质提高、教材及其内容更新等，都应该精心考虑，认真实施。

（2）树立国际意识

现代旅游业国际化发展已经成为必然趋势，在这样的背景下，旅游教育必须以国际透视的观点来组织教学，不仅要让学生注意了解和比较国际旅游需求以及旅游业投资和经营环境的特点与差异，更要让学生了解有关旅游发展问题的国际共识和旅游业经营中的国际惯例，而不能仅仅局限于对本国甚至当地的认知与实践。

（3）树立可持续发展意识

知识经济时代，终身学习不再是一个概念，而是人类社会的一个重要特征，这要求把高等旅游教育构建成终身教育体系。一方面关注学校自身的发展，坚持创新、与时俱进；另一方面必须关注教育对象的可持续发展，在教育中坚持"以人为本"，不但让他们学到适应现阶段社会生存发展的知识和本领，而且还应使他们具备终身学习的能力，满足未来社会发展的要求。

（4）树立品牌意识

品牌是文化的浓缩，开展国际化旅游人才培养，必须树立品牌意识，要把品牌意识带入高等旅游教育国际化过程，培育并挖掘自身品牌文化，丰富和发展这些品牌的内涵，充分利用合作双方的办学优势，在保持自身特色的基础上，不断创新品牌，使高等旅游教育的品牌走出国门。

2.提高师资水平

教师的教学水平在很大程度上决定了教学效果，在培养国际化旅游人才的过程中，专业教师必须掌握高等教育的规律，同时还要有丰富的学科知识；既要有宽广的国际视野，又要有对行业的深刻理解。

（1）吸引国外教师任职

吸引国（境）外知名旅游院校博士毕业生和教师来校工作。加强国（境）外人才引进项目建设，积极加强与国际人才中介机构的联系，搜集国（境）外优秀人才信息，发挥学校海归教师和学科带头人的资源优势，积极引进、聘用国（境）外高层次留学人员或外国专家。

（2）更新本国教师教育理念

缩小教师在教育理念、教学内容方面与国际先进旅游教育的差距，培养一支具有国际眼光、能融入世界旅游教育体系的师资队伍。高等旅游教育的实践性决定了它与行业的依存度，旅游管理专业教师是教育工作者，但同时应具有一名管理者、实践者的潜能。有一批具有世界眼光和行业背景的师资队伍,是实现"面向国际、依托行业"教育理念、办好高等旅游教育的根本保证。

(3) 加强本国教师语言培训

实施全英语(双语)教学教师海外培训计划。每年选派一定数量有较好英语基础的专业教师赴国外进修,返校后开设相关课程,保证每个旅游学科至少拥有 3~5 名能够熟练运用外语进行教学和研究的专业人才。同时,积极鼓励专业教师获取各类相关的国内外旅游职业资格认证、国际化人才的"职业通行证"等。

(4) 吸引具备实践经验的教师任职

加大师资队伍中具有在国(境)外旅游院校学习或有旅游企业工作经历的教师和外籍教师的比例,充分利用国家留学基金会和校际交流的资源,选派教师出国(境)进修。或者推荐具备条件的青年骨干教师到国(境)外名牌旅游院校攻读博士学位或担任名师助教,接受知名教授的指导,使他们能够及时跟踪国际旅游学术领域的前沿信息,开拓研究视野,推动和促进学校教学和科研的发展。

3.拓展国际交流

(1) 开展师生短期交流

师生短期交流是进行旅游教育教学信息交流的重要途径,这是一种充分利用国际旅游教育资源的有效手段。通过派出优秀专业教师赴国外进修,或者与国外的旅游院校建立成熟的学生交流模式,由专业教师带队,集体走出国门进行短期培训,从而使专业教师和学生能够从中获益。另外,邀请著名旅游院校或旅游行业的专家到国内讲学访问,打破单一聘请外籍教师的模式,以引进先进的旅游教育智力资源。通过以上活动,不仅可以优化本专业教师的知识结构,而且可以丰富本专业学生的学习内容,使之与国际社会结合得更加紧密。

(2) 开展留学教育

旅游教育国际化是一种双向交流,是一种主动选择。一方面,我们要大力开展出国留学服务工作,随时满足在校学生出国留学继续深造的需求,联合培养懂得国际规则和现代理念的旅游人才,大力拓展毕业生海外就业市场。另一方面,我们要努力接收外国留学生。开展留学生教育是提升教育国际竞争力、促进教育现代化的另一条重要途径。要特别注意发挥中国的历史文化传统优势,积极推出高等旅游教育品牌,吸引外国学生来国内旅游留学,也可以举办烹饪和汉语等相关的留学生短期培训班,加大留学生教育产业化。

(3) 开展合作办学

我们可以通过开展国际合作的方式,借鉴其他国家的成功经验,促进我国高等旅游教育改革,这是一种明智的选择。通过对国外优质教育资源的"引进—转化—发展",对我国高等旅游教育进行改革和创新,通过学分衔接、学历互认、文凭颁发等形式开展实质性的合作。当然,在国际合作办学中,既不能完全照搬国外旅游教育模式,也不能沿用国内原有的教学模式与计划,而是应该导入市场的理念,运用人力资源开发与管理的原理,对我国旅游业进行调查研究和分析,由中外双方共同设计适合我国旅游业发展并与国际接轨的旅游人才规格,制订教学计划,以达到人才培养适应我国旅游业发展并与国际接轨的目标。

三、高等教育国际化旅游人才培养的课程开发

(一) 国际化旅游人才工学结合课程开发的概念和特点

1. 工学结合课程开发的概念

课程开发实际上就是产生一个完整课程的过程,通常包括三个环节,即课

程设计、课程实施与课程评价，其中课程设计包括课程目标的确定与课程内容的选择。大力发展高等教育，培养一线岗位需要的应用型、技术技能型的国际化旅游人才，要求我们必须重视高等教育课程的开发，不断设计和运用具有高等教育自身特色的相关课程。传统的课程开发只是把劳动科学中的劳动活动分析简单地移植到了课程开发的工作分析中，使得对职业教育具有重要意义的劳动的内在联系在课程开发的工作分析过程中消失了，从而导致传统的职业教育指向抽象的劳动行为所需的知识与技能，抽象的劳动行为成为以工作为导向的职业教育的对象，而劳动的内在联系即工作过程则被排斥在职业教育的范畴之外。如何把握专业特点并制定出与其相符合的国际化工学结合的课程，许多旅游院校近年来一直在不断地进行改革和探索。

2.工学结合课程开发的基本特点

（1）课程开发要具备针对性

旅游教育课程开发必须针对旅游管理专业学生，学校应该组建一支由专业素养高、教学经验丰富、实践能力强的旅游管理专业教师组成的教师队伍，再组建一支由旅游行业、企业专家构成的专家队伍，充分发挥这两支队伍的能力，进行旅游管理专业课程的开发工作。在编制教材的过程中，应该围绕旅游管理专业的培养目标，充分考虑学生的知识掌握水平和能力，同时还应该以旅游行业的市场需求为导向。旅游管理专业教材的编制不应该只注重理论知识，还应该适当增加实践性教学内容，实现理论教学与实践教学的有机结合。需要注意的是，旅游管理专业教材的内容要包含前沿技术和专业最新动态。同时活动设计应多样化，有详细的学习方法说明方便学生自学，注重在教材内容中涵盖对学生的职场健康安全教育、平等参与理念和团队合作精神等多方面的培养。

（2）课程开发要具备实用性和综合性

开展国际化旅游人才培养的课程开发工作，首先应该明确各教材在整个专业人才培养中的地位和作用，从教材内容、教学方法、学习方法和实训配套等方面突出应用型旅游教育的特点。教材要摆脱理论分析长而深的模式，突出应用能力培养的特点，增加并充实应用实例的内容。要对旅游行业职业岗位所需知识和能力结构进行恰当的整合，在知识的实用性、综合性上多下功夫，理论联系实际，加强操作与实训，把学生应用能力的培养融于教材之中，并贯穿始终。

（3）课程开发要具备时代性和创新性

近年来旅游行业获得了巨大发展，在国民经济中的地位显著提升，虽然从事旅游行业的人员数量有所增加，但存在岗位流动、职业变动比较频繁的现象。因此，在旅游人才培养中必须重视知识和技术的更新，通过理论教学和实践教学两个方面增强旅游管理专业人才的综合能力，使他们适应多变的行业背景。对于课程开发而言，必须保证教材的内容具有时代性，使教材适应现代旅游业发展需要，随着旅游行业规范、标准的更新而不断更新，从而保证旅游管理专业学生在毕业后可以直接适应旅游行业岗位要求，直接从事生产第一线的服务和管理工作。教育必须随着信息技术的发展而不断更新，保证教育内容、教育手段等适应时代发展需要，要充分利用新技术进行课程开发，并有效提升教育效果。

（二）国际化校企合作课程的开发对策

课程开发是一项系统工程，做好这项复杂工作的前提是明确课程的培养规格和核心能力。比如旅游管理专业，首先需要确定旅游管理的典型工作任务和工作过程，并完成从典型工作任务分析到高等教育的专业课程开发，重点对核心课程进行全方位的教学课程设计。课程开发需要经过三个阶段分析，即课程分析、课程设计、课程编制。课程分析阶段包括社会需求分析、职业特征分析。课程设计阶段则是基于未来工作岗位的工作过程的课程设计，包括知识、能力、技能、岗位工作流程等。通过过程分析，确定岗位职业能力和不同的典型工作任务，继而形成不同的学习领域描述（课程名称），包括相关学习范围描述和通用学习范围描述。课程编制阶段则包括课程整体设计、课程大纲、课程计划、教材等。

1. 理论教学体系的设置和开发

国际化旅游人才培养在课程设置上应该遵循精简、必需、够用、适用的原则，设立专业培养目标，并在满足职业岗位工作需要、社会需求和学生个体发展需要的前提下，围绕教育目标设置教育内容。在设置中围绕企业用人要求，即专业技能课程、专业核心课程、专业拓展课程、专业支持课程及职业素质课程，根据各层次课程的能力培养要求安排理论部分的内容。

2. 实践教学体系的建立与运行

实践教学最根本的目的是培养学生的实践动手能力，将学生培养成可以与国际旅游中相应岗位实现零距离衔接的国际化人才。设置要依据是否符合企业的订单需要及职业岗位资格证书的规范要求，在操作运行中，要充分发挥行业优势，与校内、校外课堂联动，在教师的指导下完成实践内容。学生的服务意识和管理视野要国际化，旅游服务技能要符合国际通用标准，要有较强的跨文化沟通能力。在实践教学设置中，需要围绕国际化能力培养目标进行周密安排。

参 考 文 献

[1] 郭田田.创新型旅游人才培养概论[M].武汉:长江出版社,2018.

[2] 郭伟,付岗.旅游管理专业实践教学教程[M].秦皇岛:燕山大学出版社,2018.

[3] 黄鑫.旅游管理与旅游管理专业人才培养研究[M].北京:中国纺织出版社有限公司,2020.

[4] 黄亚芬.旅游管理专业人才培养[M].延吉:延边大学出版社,2018.

[5] 金丽娟.旅游市场与人才培养战略[M].天津:天津大学出版社,2018.

[6] 李国庆.基于校企合作的旅游人才创新创业能力培养研究[M].北京:中国水利水电出版社,2019.

[7] 廖钟迪.旅游市场营销[M].武汉:华中科技大学出版社,2020.

[8] 皮晖,常新利.邮轮旅游概论[M].武汉:华中科技大学出版社,2019.

[9] 粟娟.世界旅游地理[M].北京:中国旅游出版社,2021.

[10] 王莉霞.创新创业教育"嵌入"国际化旅游人才培养体系研究[M].西安:陕西人民出版社,2019.

[11] 王洋.旅游管理专业人才培养与创新实践[M].长春:吉林出版集团股份有限公司,2019.

[12] 徐娟秀,郑蓓媛.高校旅游管理专业人才培养与创新实践[M].长春:吉林大学出版社,2018.

[13] 于增元.新时代乡村旅游专业人才培养[M].北京:中国社会科学出版社,2021.

[14] 袁鹏.高校旅游管理专业学生创新能力研究[M].北京:中国水利水电

出版社，2020.
[15] 张威，李正欢，黄妍莺. 酒店与旅游服务业应用型人才培养的探索与实践[M]. 北京：科学技术文献出版社，2020.
[16] 赵金玲. 校企合作、产教融合 培养高素质应用型旅游人才[M]. 北京：旅游教育出版社，2019.
[17] 赵筱. 国际旅游市场需求下的导游人才素质培养[M]. 北京：北京工业大学出版社，2018.
[18] 朱蔚琦. 旅游管理与中外旅游人才培养模式比较研究[M]. 广州：广东旅游出版社，2020.